Standard Deutsch **8**

Das systematische Lernbuch

Arbeitsheft *Basis*

Erarbeitet von

Annette Brosi
Christian Fritsche
Annet Kowoll
Sarah Wagemanns
Judith Woll

Inhaltsverzeichnis

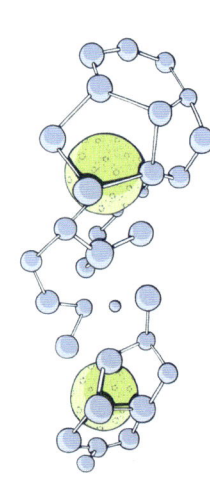

Richtig schreiben

Eine literarische Figur beschreiben

Wiederholung: Aufbau einer Personenbeschreibung

Eine Personenbeschreibung baut man **von innen nach außen** auf.
Man kann nur das über die Person schreiben, worauf der **Text hinweist**.
Die **Einleitung** sollte Folgendes beschreiben: Person, Stellung, Beruf.
Der **Hauptteil**: Aussehen, Wesen, Gewohnheiten, Verhaltensweisen, Beziehung zu anderen Figuren.
Im **Schlussteil** werden die wichtigsten Merkmale in einem Satz zusammengefasst.
Folgende Punkte muss eine Personenbeschreibung außerdem enthalten:
- Name, Alter, Geschlecht, Statur (Figur, Größe)
- Aussehen, Kleidung
- Charaktereigenschaften
- besondere Kennzeichen

Die von dem britischen Autor Arthur Conan Doyle erschaffene Romanfigur Sherlock Holmes ist im ausgehenden 19. und frühen 20. Jahrhundert als Detektiv in ganz England tätig. Diese Detektivgeschichten erlangten Weltruhm, wurden in viele Sprachen übersetzt, verfilmt und sind heute auch als Hörbücher zu erhalten. Sherlock Holmes gilt heute noch als berühmteste und wichtigste Detektivfigur.

Das gefleckte Band

Wenn ich meine Notizen der etwas über siebzig Fälle überfliege, bei denen ich während der letzten acht Jahre die Methoden meines Freundes Sherlock Holmes studiert habe, finde ich viele tragisch, manche komisch, zahlreiche lediglich seltsam, aber keinen alltäglich; denn da er eigentlich eher aus
5 Liebe zu seiner Kunst als zum Erwerb von Reichtum arbeitete, lehnte er es ab, sich auf irgendeine Untersuchung einzulassen, die nicht zum Ungewöhnlichen neigte, wenn nicht sogar zum Phantastischen. Von all diesen unterschiedlichen Fällen jedoch kann ich mich keines entsinnen, der einzigartigere Züge aufwies als der, der mit der weithin bekannten Familie
10 der Roylotts von Stoke Moran aus Surrey* in Zusammenhang stand. Die fraglichen Geschehnisse ereigneten sich in den frühen Tagen meiner Verbindung zu Holmes, als wir als Junggesellen* in der Baker Street zusammenwohnten. [...] Es war in den ersten Apriltagen des Jahres '83, als ich eines Morgens aufwachte und sah, dass Sherlock Holmes, vollständig
15 angezogen, neben meinem Bett stand. Er war in der Regel ein Spätaufsteher, und da die Uhr auf dem Kaminsims mir zeigte, dass es erst Viertel nach sieben war, blinzelte ich mit einiger Verwunderung und vielleicht ein klein wenig Unmut zu ihm hoch, denn ich selbst hatte feste Lebensgewohnheiten. „Bedaure sehr, Sie aufzuwecken, Watson", sagte er, „aber das ist heute
20 Morgen das allgemeine Los. Mrs. Hudson ist aufgeweckt worden, sie hat es an mich weitergegeben und ich an Sie." „Was ist denn der Grund? Ein Feuer?" „Nein, eine Klientin*. Es scheint, dass eine junge Dame in einem recht bemerkenswerten Zustand der Erregung eingetroffen ist und darauf besteht, mich zu sehen. Sie wartet jetzt im Wohnzimmer [...]." Ich empfand
25 kein größeres Vergnügen, als Sherlock Holmes bei seinen beruflichen Ermitt-

eine bekannte Familie aus der Grafschaft Surrey aus dem Süden Englands

ein unverheirateter Mann

Kundin

Zu Texten schreiben

lungen zu folgen und die raschen Schlussfolgerungen – so geschwind wie
Intuitionen* und doch immer auf einer logischen Basis fußend – zu
bewundern, mit denen er die ihm unterbreiteten Probleme enträtselte. [...]
Eine in Schwarz gekleidete und tief verschleierte Dame, die am Fenster
30 gesessen hatte, erhob sich, als wir eintraten. [...] Sie hob ihren Schleier, als
sie sprach, und wir konnten sehen, dass sie in der Tat in einem bedauerns-
werten Zustand der Erregung war, das Gesicht ganz verzerrt und grau, mit
ruhelosen, verängstigten Augen, wie die eines gehetzten Tieres. Ihre
Gesichtszüge und ihre Figur waren die einer Frau von dreißig, aber ihr Haar
35 war von vorzeitigem Grau durchzogen, und der Ausdruck auf ihrem Gesicht
war müde und verstört. Sherlock Holmes musterte sie mit einem seiner
raschen, alles erfassenden Blicke. „Sie brauchen sich nicht zu fürchten",
sagte er beruhigend, wobei er sich nach vorn beugte und ihren Unterarm
tätschelte. „Wir werden die Dinge bald in Ordnung bringen, da bin ich sicher.
40 Ich sehe, Sie sind heute Morgen mit dem Zug in die Stadt gekommen."
„Dann kennen Sie mich?" „Nein, aber ich bemerke in Ihrer linken Hand die
zweite Hälfte einer Rückfahrkarte. Sie müssen früh aufgebrochen sein, und
außerdem hatten Sie eine ziemlich lange Fahrt in einem Einspänner* über
unwegsame Straßen, bevor Sie den Bahnhof erreichten." Die Dame fuhr
45 heftig zusammen und starrte meinen Gefährten verblüfft an.

das Ahnen von Zusammenhängen auf Grund eines Gefühls

eine Pferdekutsche, die von <u>einem</u> Pferd gezogen wird

1 Lies den Text aufmerksam und unterstreiche alle Informationen, die du zu
Sherlock Holmes finden kannst. Trage die wichtigsten Informationen stichwortartig in die linke Spalte der Tabelle ein.

2 Unterstreiche alle Informationen, die du zu Watson finden kannst. Trage die
wichtigsten Informationen stichwortartig in die rechte Spalte der Tabelle ein.

Sherlock Holmes	Watson

3 Fertige eine kurze Beschreibung von Watson oder Sherlock Holmes an.

*Sherlock Holmes ist Junggeselle und lebt mit seinem Freund Dr. Watson
in der Baker Street.*

Die Merkmale einer Kriminalgeschichte kennen

Merkmale einer Kriminalgeschichte

Kriminalgeschichten haben einen **bestimmten Aufbau** und **Merkmale**,
an denen man sie erkennen kann:

- Ein Verbrechen wird entdeckt.
- Ein Ermittler tritt auf und übernimmt den Fall.
- Die Spuren werden gesichert.
- Die Verdächtigen werden ermittelt und nach ihrem Alibi gefragt.
- Die Suche nach dem Motiv beginnt.
- Die Tat wird rekonstruiert (nachvollzogen).
- Der Täter/Die Täterin wird überführt.
- Die Personen, die in einem Krimi vorkommen, lassen sich einer bestimmten
  Kategorie zuordnen: Täter, Opfer, …

Die Leiche an der Garage

Die Glühbirne hing direkt über der hochgeklappten Motorhaube eines
weißen Sportwagens. Durch die offenen Garagentore schien das schwache
gelbe Licht in die Nacht und erleuchtete den Körper eines Mannes, bekleidet
mit ölverschmierten Mokassins, schmierigem Wollhemd und schmutzigen
5 Jeans. Er hätte schlafen können, wenn nicht sein Schädel grausam
eingeschlagen gewesen wäre.
„Roger Pratt, der prominente Playboy", sagte Inspektor Winters, „Mrs. Pratts
Pflegerin hat das Ganze gesehen. Sie war es auch, die die Polizei benach-
richtigt hat."
10 Im Haus wiederholte Berta Tone, die Pflegerin, ihre Geschichte für Dr.
Haledjian.
„Ich war die ganze Nacht bei Mrs. Pratt. Mr. Pratt sagte, sie dürfe nicht allein
gelassen werden. Es ging ihr sehr schlecht.
Gegen Mitternacht schaute ich durch das Schlafzimmerfenster und sah Mr.
15 Pratt aus der Garage herauskommen. Eine Frau schlüpfte hinter diesen
Büschen da hervor und schlug ihm mit einem Gegenstand auf den Kopf."

„Hat Mr. Pratt nicht gemerkt, dass sich die Angreiferin näherte?"

„Es passierte alles viel zu schnell. Als sich Mr. Pratt bückte, um sich die Schuhe zuzubinden, sprang die Frau hinter ihm hervor. Ich glaube nicht,
20 dass er sie gesehen oder gehört hat. Ich rief sofort die Polizei vom Telefon im Schlafzimmer aus an."

„Sie haben heute Nacht nicht das Haus verlassen?"

„Nein", antwortete die Pflegerin steif.

Die Aussage der Pflegerin wurde von Mrs. Pratt bestätigt: „Berta hat gegen
25 Mitternacht einen Anruf getätigt. Sie flüsterte, so dass ich nichts hören konnte! Etwas später ging sie zur Haustür, weil es geläutet hatte. Ansonsten hat sie mich nicht allein gelassen. Was hat das Mädchen angestellt?"

„Sie ging nach unten um die Tür für Inspektor Winters und mich zu öffnen", sagte Haledjian, „und sie ist eine Mörderin!"

1 Was war falsch an der Geschichte der Pflegerin? Löse das Rätsel.

_____

_____

_____

2 Welche Merkmale einer Kriminalgeschichte sind in „Die Leiche an der Garage" enthalten? Unterstreiche die Stellen im Text und schreibe das Merkmal daneben.

_____

_____

_____

_____

3 Formuliere ein Geständnis des Mörders, in dem du das Motiv und den Ablauf des Mordes darstellst.

_____

_____

_____

_____

_____

TIPP

Wer hat einen Nutzen von diesem Mord? Hinter was war der Mörder möglicherweise her? War es eine Affekthandlung (durch starke Gefühle ausgelöst) oder war der Mord geplant? Wenn ja, gab es Komplizen oder eine Verschwörung?

Teste dich selbst!

Die Merkmale einer Kriminalgeschichte kennen

Der italienische Lebensmittelhändler

Der Tod von Joseph Pastrono, ein Lebensmittelhändler, hätte als Selbstmord durchgehen können, wenn da nicht das scharfe Auge von Dr. Haledjian gewesen wäre. Pastrono war als neunjähriger Junge aus Italien nach Amerika gekommen. Seine Familie fing arm an, er hatte die Schule im

5 siebten Schuljahr verlassen, um zu arbeiten. Er hatte geheiratet und zwei Söhne großgezogen. Trotz seiner begrenzten Bildung las er jeden Tag die Nachrichten in einer italienischen Zeitung. Seine Leiche wurde über seinem Laden gefunden, in der ordentlichen Vier-Raum-Wohnung, wo er alleine gelebt hatte, seitdem seine Frau Anna vor einem Jahr gestorben war. Er hatte

10 sich offensichtlich mit dem Revolver erschossen, den er in seinem Laden zu seinem Schutz hatte. Die Polizei fand keinen Beleg für die Gerüchte, dass er seine Ersparnisse in der Wohnung versteckt hatte. Neben Pastronos Körper fand man einen Abschiedsbrief, laut Aussage seiner Söhne in seiner eigenen Handschrift. Er lautete: „Ich bin müde und krank. Mein Körper schmerzt

15 mich jede Stunde am Tag. Die Ärzte sagen, dass man nichts tun kann; ich bin zu alt. Wäre ich zwanzig Jahre jünger, würde ich versuchen weiterzu-machen. Aber meine Anna ist tot und meine beiden Söhne haben ihre eigenen Familien. Ich will ihnen nicht zur Last fallen. Das ist der einzige Weg. Der Herr möge mir vergeben." Haledjian legte den Brief nieder und

20 sagte: „Pastrono wurde ermordet!"

| / 3 | **1** Lies den Text aufmerksam durch und unterstreiche alle Informationen zu Pastronos Leben. |

| / 6 | **2** Welche Merkmale einer Kriminalgeschichte sind in diesem Text enthalten? Notiere die Merkmale mit Zeilenangaben. |

_____

_____

_____

| / 5 | **3** Notiere die Merkmale, die in dieser Kriminalgeschichte nicht enthalten sind. |

- _____

- _____

- _____

- _____

4 Versuche nachzuvollziehen, warum der Ermittler gleich nachdem er den Abschiedsbrief von Pastronos gelesen hat, weiß, dass dieser ermordet wurde.

_____

_____

5 Wer könnte Interesse am Tod des Lebensmittelhändlers haben? Überlege dir eine Täterfigur (oder mehrere Täterfiguren) und schreibe einen erdachten Tathergang nieder .

_____

_____

_____

_____

_____

_____

_____

_____

_____

_____

_____

_____

_____

_____

_____

_____

_____

Gesamt:

/ 21

Ein Bewerbungsschreiben verfassen

Sachliche Briefe schreiben

- In den **Briefkopf** schreibst du: Absender, Ort und Datum, Anschrift des Adressaten.
- Du kannst eine **Betreffzeile** mit dem Thema deines Briefes einfügen.
- Am Ende des Briefes stehen ein **Gruß** und deine **Unterschrift**.
- Beachte, dass die **Anredepronomen *Sie, Ihr* in der Höflichkeitsform großgeschrieben** werden.

1 Simon soll ein Bewerbungsschreiben für das Schulpraktikum bei der Gärtnerei Tausendschön und Partner schreiben. Was gehört in ein solches Schreiben? Überlege dir eine sinnvolle Reihenfolge.

Element   Reihenfolge

_____ ☐

_____ ☐

_____ ☐

_____ ☐

_____ ☐

_____ ☐

2 Für ein solches Schreiben sollte man seine Stärken kennen. Simon hat dazu seine Eltern und Freunde befragt. Welche Fähigkeiten Simons stecken hinter diesen Aussagen? Erstelle eine Tabelle in deinem Heft, trage die Aussagen ein und welche Stärke daraus abgeleitet werden kann.

Das haben sie gesagt:

Simon gibt Nachhilfe und bleibt auch ruhig, wenn die Kleinen nicht immer alles direkt verstehen.

Simon war beim Fußballtraining immer da.

Simon hat schon als Kind große Ausdauer bewiesen.

Er ist höflich.

Simon geht immer offen auf alle Leute zu.

Er kann nicht verlieren.

Simon kann anpacken.

Er lässt seine schlechte Laune nie an anderen aus.

3 Schreibe in Simons Namen einen Brief in dein Heft.

TIPP

Denke an die Ich-Form.

Berichten und Beschreiben

Eine Vorgangsbeschreibung verfassen

> **Eine Vorgangsbeschreibung verfassen**
> - Schreibe im **Präsens** und verwende passende Fachbegriffe.
> - Eine Vorgangsbeschreibung gliedert sich in drei Teile: Einleitung, Hauptteil und Schluss.
> - **Beantworte** in der **Einleitung die W-Fragen** (Wer? Was? Wann? Wo? Welche Folgen?). Hier kannst du die Adressaten direkt ansprechen.
> - **Hauptteil**: Beschreibe die **Handlungsschritte** in der zeitlich **richtigen Abfolge** und verwende **Fachbegriffe**.
> - Es ist möglich, dass du im **Schlussteil** eine **Stellungnahme** oder einen **Ausblick** schreibst oder das Ergebnis nennst.

1 Wandle die folgenden Sätze ins Passiv oder Aktiv um.

Simon benötigt für den ersten Tag in der Gärtnerei Gummistiefel.

_____

Er gießt mit einem langen Schlauch die Blumen im Gewächshaus.

_____

Blumenreste werden nach dem Frühstück von ihm auf den Kompost gebracht.

_____

Am Nachmittag bringt der Bauer Rindenmulch in die Gärtnerei.

_____

Vom Auszubildenden wird Simon am frühen Abend nach Hause gebracht.

_____

2 Simons bester Freund Timo arbeitet als Praktikant drei Wochen in einer Bäckerei. Er soll beschreiben, wie er einen Kuchen zubereitet.

a) Verbinde die Sätze mit den Konjunktionen am Rand. Schreibe in dein Heft.

Die Zutaten in eine Schüssel geben.

Zutaten einige Zeit mit dem Handmixer verrühren.

Backform einfetten.   Ofen vorheizen.   Teig in Backform geben.

Kuchen 50 Minuten backen.   Aus dem Ofen holen.   Abkühlen lassen.

b) Verwende die Satzteile dazu, eine Vorgangsbeschreibung zu formulieren. Du kannst die Sätze dabei auch umbauen. Schreibe in dein Heft.

INFO

Aktiv und Passiv
Aktiv: handelnde Person im Vordergrund
→ *Ich backe Kuchen.*
Passiv: Objekt der Handlung im Vordergrund
→ *Der Kuchen wird von mir gebacken.*

Rindenmulch:
Rindenstückchen, die den Boden bedecken, damit er nicht austrocknet

dann, bevor,

bis, als,

nachdem,

während, und

3 Die folgenden Bilder zeigen Simon bei der Arbeit.

a) Erstelle einen Schreibplan: Was steht in der Einleitung? Was gehört in den Hauptteil? Was fällt dir für den Schluss ein?

b) Welche W-Fragen kannst du zu den Bildern stellen? Schreibe sie in dein Heft.

c) Erstelle eine Vorgangsbeschreibung anhand der Bilder. Am Rand findest du Hilfswörter, die dir bei der Formulierung der einzelnen Arbeitsschritte helfen können. Schreibe in dein Heft.
Vorsicht: Nicht alle Wörter sind sprachlich angemessen.

TIPP

Achte auf abwechslungsreiche Satzanfänge: *Danach, Zu Beginn, In der Zwischenzeit.*

TIPP

Entscheide, ob du im Aktiv oder Passiv schreibst.

pflügen,
jäten
rupfen
herausreißen

Gewächshaus
Pflanzensauna

setzen
schmeißen
pflanzen

graben
stechen
buddeln

gießen
bewässern
tränken

Einen ausführlichen Tagesbericht schreiben

Bericht

In einem Bericht solltest du auf folgende Arbeitsschritte achten:

- Antwort auf **W-Fragen geben**
  (Was? Wer? Wann? Wo? Wie? Wozu? Welche Folgen?)
- Halte die **chronologische Abfolge** ein.
- Verwende das **Präteritum**.
- Formuliere **knapp und informativ**.

Tagesbericht vom 13. März

Ich komme um 6.30 Uhr an meinem Praktikumsbetrieb, der Gärtnerei Tausendschön und Partner, an. Dies wird ein aufregender Tag, denn es geht gleich los zum Großmarkt. Das hat mein Chef Herr Tausendschön mir schon seit Beginn des Praktikums versprochen! Wir nehmen den großen
5 Lieferwagen und machen uns auf den Weg. Ich bin beeindruckt von den zahlreichen Ständen mit tausenden von Blumen, von denen ich nur wenige kenne. Da wir etwas unter Zeitdruck stehen, beeilen wir uns, die Einkaufsliste zügig abzuarbeiten, und beladen den Wagen mit Rosen, Ranunkeln und Co. Um 9.00 Uhr kommen wir wieder an der Gärtnerei an und frühstücken
10 erst einmal. Nach dem Frühstück laden wir den Transporter aus. Einige Blumen müssen ins Gewächshaus, andere kühl gelagert werden und eine große Anzahl an Schnittblumen bringe ich in den Verkaufsraum der Gärtnerei. Da die Fensterscheiben des Gewächshauses stark vermoost sind, muss ich das Moos abkratzen und die Scheiben danach wischen. Darauf hab
15 ich überhaupt keine Lust und bin froh, als die Mittagspause um 12 Uhr beginnt. Nach dem Essen muss ich eine Lieferung für einen wirklich netten Kunden zusammenstellen. Im Verkaufsraum ist danach noch einiges zu tun. Frau Tausendschön, die Frau meines Chefs, zeigt mir, wie man Blumen zu richtigen Sträußen bindet. Es dauert eine Weile, bis ich den Dreh raushabe.
20 Am frühen Nachmittag liefere ich mit dem Fahrrad der Gärtnerei noch zwei Blumensträuße aus. Zurück in der Gärtnerei fege ich noch den Verkaufsraum und beende meinen Arbeitstag um 17 Uhr. Ich fühle mich glücklich, obwohl der Tag recht anstrengend war, und hoffe, dass Herr Tausendschön mir später eine Lehrstelle in seinem Betrieb anbietet.

1 Überprüfe, ob die Kriterien für einen Bericht eingehalten wurden, und notiere deine Ergebnisse.

_____

_____

2 Streiche überflüssige und unangemessene Informationen.

3 Markiere im Text die Stellen, die Antwort auf eine der W-Fragen geben, und trage diese stichpunktartig in die Tabelle ein.

Wer?	
Was?	
Wann und wo?	
Warum?	
Welche Folgen?	

4 Simon liest den Bericht seines Schulfreundes Timo. Leider hat Timo das falsche Tempus verwendet. Am Rand findest du alle Verbformen im Infinitiv. Setze alle Verben in der richtigen Zeitform in den Bericht ein.

Heute _____ ich schon um 7.00 Uhr in der Backstube sein. Mein Chef

Herr Märtens _____ schon seit 4.00 Uhr hier. Zunächst _____ ich

alle Zutaten für die Brötchen in die Mischmaschine. Die ist sehr groß und erst

_____ mir Herr Märtens, wie sie _____ . Die Maschine

_____ etwa 10 Minuten, um alle Zutaten zu einem glatten Teig zu

verrühren. Danach _____ ich den großen Teigballen und _____

ihn auf den Holztisch. Anschließend _____ ich viele kleine Brötchen

daraus. Manche _____ ich mit Sesam und andere mit Mohn. Als die

Brötchen fertig _____ , _____ ich sie in den großen Backofen.

Nach wenigen Minuten _____ sie fertig. Die fertigen Brötchen _____

ich gleich in den Verkaufsraum. Dort _____ mittlerweile auch schon die

Verkäuferinnen an. Ich _____ ihnen ein wenig und _____ dann

eine kleine Frühstückspause. Danach _____ wir damit, einige Tortenbe-

stellungen anzufertigen. Ich _____ sogar einen Schriftzug auf eine

Torte. Um 12.00 Uhr _____ wir die Backstube. Alles wird _____

und für den nächsten _____ . Um 13.00 Uhr _____ ich Feierabend.

Achtung Fehler!

müssen, sein,

geben, zeigen,

funktionieren,

brauchen,

nehmen,

legen,

formen,

bestreuen,

sein, schieben,

sein, bringen,

kommen,

helfen,

machen,

beginnen,

machen,

reinigen,

fegen,

vorbereiten,

haben

Teste dich selbst!

Eine Vorgangsbeschreibung verfassen

1 Worauf muss bei einer Vorgangsbeschreibung geachtet werden?
Fülle den Lückentext mit Hilfe der Wörter aus dem Kasten aus:

/ 9

Eine Vorgangsbeschreibung schreibt man im _____ . Ob

man das _____ oder das _____ verwendet, ist egal.

Mit _____ und _____

wird der Text ansprechender und lässt sich _____ .

Die _____ ist sehr wichtig, damit der Leser weiß, welcher

_____ zuerst durchgeführt wird.

> *Reihenfolge, Aktiv, Präsens, Handlungsschritt, Präteritum, Passiv,*
> *besser lesen, unterschiedliche Satzanfänge, gute Satzverknüpfungen*

2 Tobias hat in seinem Praktikum einen eigenen Tisch geschreinert. Dafür waren
mehrere Arbeitsschritte notwendig. Bringe die Bilder in die richtige Reihenfolge.

/ 6

/ 6

3 Schreibe für das Bauen des Holztisches eine eigene Vorgangsbeschreibung.
Nutze die Bilder als Hilfe und schreibe in dein Heft.

Gesamt:

/ 21

Überzeugend argumentieren

Schriftlich argumentieren

- Die Argumente werden durch **anschauliche Beispiele** überzeugend, z.B.: *Sprachreisen, **wie z.B. nach England**, helfen die Fremdsprachenkenntnisse zu erweitern.*
- Die Reihenfolge der Argumente solltest du so wählen, dass das **schwächste zu Beginn** und das **wichtigste als Letztes** ausgeführt wird.
- Die **Argumentationskette** sollte durch sprachlich ausgestaltete Überleitungen verknüpft werden, z.B.: *auch, außerdem, zweitens (drittens ...), darüber hinaus, dazu kommt, dass ..., nicht vergessen darf man, dass ..., besonders wichtig ist, dass ...*

1 Worin liegt der Witz in der Karikatur?

_____

2 Um welches Thema geht es in der oben abgebildeten Karikatur? Kreuze an.

- ☐ Benehmen von Schülern gegenüber ihren Lehrern
- ☐ Umgangsformen
- ☐ Schuluniformen
- ☐ Sauberkeit auf dem Schulhof

3 Welche Meinung hast du zu dieser Frage? Formuliere sie in einem Satz.

_____

4 Deine Meinung (These) sollte mit einem passenden Argument begründet werden. Führe jetzt ein Argument aus, das deine Meinung stützt.

_____

_____

5 Das Argument sollte durch ein Beispiel veranschaulicht werden.
Ergänze nun dein obiges Argument durch ein selbst gewähltes Beispiel.

_____

_____

6 Lies die Argumente, die für das Tragen von Schuluniformen sprechen.

- Schuluniformen verbessern das Schulklima. Wenn alle Schüler/innen die gleiche Kleidung tragen, gibt es weniger Neid, Spott und Gruppenzwang.
  In einer Haupt- und Realschule in Hamburg-Sinstorf tragen alle
5 Schüler/innen einen blauen Pulli oder ein T-Shirt mit dem Schullogo auf der Brust. Seitdem hat sich das Schulklima deutlich verbessert. ☐

- Die Schüler/innen achten mehr auf den Charakter ihrer Mitschüler/innen, da sie sich nicht mehr durch das Tragen
10 bestimmter Kleidung sofort bestimmten Gruppen zuordnen lassen. An unserer Schule ist es häufig so, dass bestimmte Schüler/innen schon allein wegen ihrer nicht vorhandenen teuren Markenkleidung von anderen nicht akzeptiert oder gar ausgegrenzt werden, obwohl man persönlich noch gar nichts
15 mit ihnen zu tun hatte und gar nicht wissen kann, ob man sie mag oder nicht. ☐

- Schuluniformen können aber auch Neid zwischen den Schülerinnen/Schülern verstärken, wenn sie aus verschiedenen Schulen kommen. Es wird dann nämlich durch die Uniformen
20 sofort klar, wer zu einer bestimmten Schule gehört und wer nicht. Gerade zwischen Haupt- und Realschülern und Gymnasiasten kann so noch schneller Neid entstehen, der sogar in Streitereien oder Schlägereien ausarten kann. ☐

- Durch die einheitliche Kleidung repräsentieren die Schüler/
25 innen auch ihre Schule ganz anders nach außen. Schon im Bus oder in der U-Bahn wird durch den Pulli oder das T-Shirt deutlich, dass man Schüler/in einer bestimmten Schule ist. Viele nehmen sich dann vielleicht zusammen und benehmen sich besser. ☐

a) Welches Argument gehört nicht hierher?
Streiche es durch und begründe, warum es nicht hineingehört.

b) Erstelle einen Schreibplan: Bringe die Argumente in die richtige Reihenfolge.

c) Schreibe nun die Argumente in dein Heft und verbinde sie mit passenden sprachlichen Überleitungen.

> auch,
> außerdem,
> zweitens,
> besonders
> wichtig ist,
> dass,
> dazu kommt

Einleitung und Schluss einer Erörterung schreiben

TIPP

Die Einleitung soll keine Argumente aus dem Hauptteil vorwegnehmen. Formuliere die Einleitung sachlich und vermeide hier eigene Wertungen.

Einleitung und Schluss schreiben

Die **Einleitung** hat zwei Bestandteile:

- Die **Hinführung** soll das Interesse des Lesers wecken und ihn gedanklich auf das Thema einstimmen. Dazu gibt es mehrere Möglichkeiten: ein aktueller Anlass/ein geschichtlicher Rückblick, eine Definition eines Kernbegriffs des Themas, ein persönliches Erlebnis.
- Nach der Einleitung nennst du die **Diskussionsfrage**, die dann im Hauptteil mit **Argumenten** und **Beispielen** weiter erörtert wird.
- Die Einleitung sollte neutral und informativ sein.

Möglichkeiten für einen **Schluss**:

- Im Schlussteil ziehst du ein Fazit. Dazu gibt es wieder mehrere Möglichkeiten:
  - eine Zusammenfassung der Argumente
  - deine eigene Meinung (mit evtl. Einschränkungen, Bedingungen)
  - ein Ausblick

1 Sammle in einer Mindmap mögliche Einleitungsgedanken zum Thema Schuluniform.

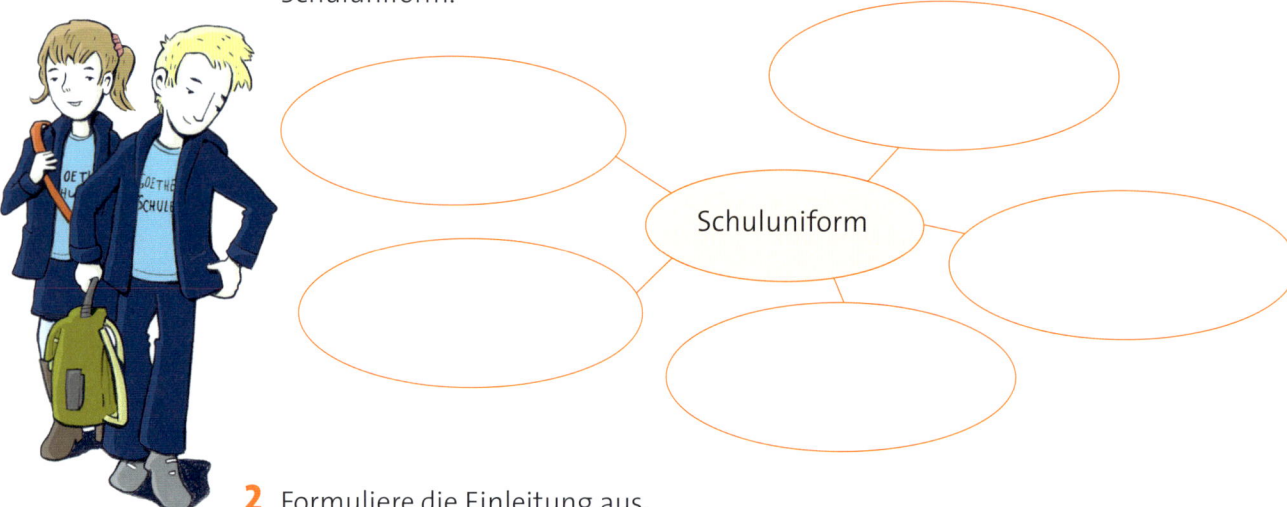

Schuluniform

2 Formuliere die Einleitung aus.

Hinführungsgedanke:

_____

_____

_____

Überleitung zur Diskussionsfrage:

_____

_____

_____

3 Welcher Schluss wurde gewählt? Verbinde den Schluss mit der passenden Bezeichnung.

1) Zum Schluss möchte ich sagen, dass Schuluniformen keinesfalls eingeführt werden sollten. Ich würde mich in meiner persönlichen Freiheit eingeschränkt fühlen, wenn ich nicht mehr entscheiden dürfte, was ich tragen möchte. Durch Kleidung drückt man ja auch ein Stück Lebensgefühl aus.
   Mir würde es so gehen, dass ich mich die ganze Zeit, in der ich die Schuluniform tragen müsste, nicht wohlfühlen würde.

2) Schuluniformen werden immer mehr Verbreitung finden.
   Entweder, weil sich immer mehr Schulen selbst dafür entscheiden, oder aber, weil das Kultusministerium dies vorschreibt.
   Es wird dann auch in Deutschland wie in anderen Ländern zum Straßenbild gehören, dass man die Schüler/innen der verschiedenen Schulen schon an der Art und Farbe der Kleidung erkennt.

3) Abschließend kann man feststellen, dass viele Argumente für Schuluniformen sprechen. Es gibt weniger Neid unter den Schüler/innen und diejenigen, die nicht so viel Geld haben wie andere, werden nicht so schnell ausgegrenzt. Dadurch verbessert sich das Schulklima insgesamt.

Ausblick

Zusammenfassung der Argumente

eigene Meinung

Eigene Texte überarbeiten

In einer schriftlichen Argumentation solltest du auf Folgendes achten:

- Vermeide Umgangssprache.
- Bilde vollständige Sätze.
- Nimm speziell zum Thema Stellung.
- Verbinde Sätze wo möglich und bilde Satzgefüge.
- Vermeide sprachliche Wiederholungen.
- Schreibe sachlich.

1 Welche Ausdrücke oder Beschreibungen für den Begriff „Schuluniform" passen nicht in diese Mindmap? Streiche sie.

Kleidung, die für alle Schüler einheitlich gestaltet ist

Kleidung, die nicht modisch ist

Schuluniform

T-Shirts oder Pullis mit dem Schullogo

Kleidung, die besonders edel und teuer ist

Jeans einer Marke

2 Welche Fehler werden in der folgenden Argumentation unten gemacht? Streiche die fehlerhaften Ausdrücke an, ordne die Fehlerbeschreibungen zu, verbessere anschließend und schreibe die verbesserten Sätze auf die Linien.

Umgangssprache,

unvollständiger Satz,

zu allgemein,

kein Satzgefüge

Die Idee, Schuluniformen einzuführen, finde ich voll cool. Schüler/innen werden oft ausgegrenzt. Mit Schuluniformen nicht. Manche Schüler/innen können sich teure Markenklamotten leisten. Sie lassen das auch total raushängen. Zum Beispiel der Dani aus der Parallelklasse! Andere Schüler/innen können sich diese tollen Klamotten nicht leisten. Die sind dann die Opfer. Auf sie wird dann herabgeschaut. Sie gelten dann als Außenseiter. Schuluniformen könnten da helfen. Denn dann haben alle das Gleiche an.

Teste dich selbst!

Schriftlich Stellung nehmen

1 Welche der Umschreibungen für den Ausdruck „Nachhilfe" passen nicht? Streiche sie und finde dafür andere.

/ 4

Lernangebote privater Anbieter außerhalb der Schule

zusätzliches Lernen zu Hause

Nachhilfe

zusätzliche, professionelle Lernhilfe

„Nachsitzen" an der Schule

2 Formuliere den folgenden Satz in Standardsprache.

/ 4

Viele Schüler/innen hängen daheim allein rum und glotzen nur TV oder hocken vor dem Computer. In der Nachhilfe werden sie dagegen gezwungen, sich den Stoff reinzuziehen.

_____

_____

_____

3 Bewerte folgende Beispielsätze auf einer Skala von (1) = sehr sachlich bis (4) = besonders unsachlich.

/ 4

Nachhilfe nimmt zu, weil die Lehrkräfte nicht erklären können. ☐

Da die Lehrer in der Schule oft zu wenig Zeit zum Üben und Vertiefen des Stoffes haben, nimmt die Zahl der Schüler/innen mit Nachhilfe zu. ☐

Ich habe auch Lehrer, die schlecht erklären können. Deshalb bekommen in meiner Klasse fast alle Nachhilfe. ☐

Weil die Lehrer faule Säcke sind und oft schlecht vorbereitet sind, nimmt die Nachilfe immer mehr zu. ☐

4 Was ist deiner Meinung nach der Hauptgrund für die Zunahme des Nachhilfeunterrichts? Formuliere ihn mit Beispiel vollständig aus und schreibe in dein Heft.

/ 4

Gesamt:

/16

Ein Diagramm auswerten

Ein Diagramm auswerten

Beim Auswerten eines Diagramms solltest du folgende Schritte beachten:
- Welche **Art von Darstellung** wurde gewählt (siehe innere Umschlagseite vorn im Heft: Balkendiagramm, Säulendiagramm, Kurvendiagramm, Kreisdiagramm)?
- Was ist das **Thema** des Schaubildes? Lies dann die Überschrift.
- Beschreibe, welche Informationen gegeben werden.
- **Vergleiche die Angaben**, die im Schaubild gemacht werden.
- Versuche, eine **zusammenfassende Aussage** zu finden.

Verkaufszahlen von PC- und Videospielen der Firma X im Jahresverlauf

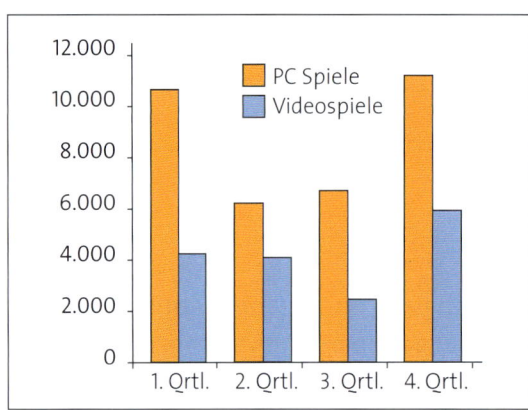

1 Wie heißt diese Art von grafischer Darstellung? Kreuze an.

☐ Säulendiagramm

☐ Kreisdiagramm

☐ Flussdiagramm

2 Das Geschäftsjahr wird hier in Quartale aufgeteilt. Wie lang ist ein Quartal? Welche Monate gehören zum 3. Quartal?

_____

_____

3 a) Beschreibe die Entwicklung der Verkaufszahlen im angegebenen Jahr.

_____

_____

b) Wann wurden besonders viele Spiele verkauft? Suche eine Erklärung.

_____

Informative Sachtexte lesen und verstehen

Sachtexten Informationen entnehmen

- **Lies die Überschrift** und **betrachte die Abbildungen**.
- Stelle **Vermutungen** zum Inhalt an.
- **Lies den Text**. **Überprüfe deine Vermutungen** und benenne das Thema.
- **Kläre unbekannte Wörter**.
- **Gliedere** den Text in Abschnitte. Suche Überschriften.
- **Stelle W-Fragen** und beantworte sie.

1 Lies die Überschrift und betrachte das Bild. Worum geht es in dem Text?

_____

Berufsbild: Entwickler für Computerspiele

Spieleentwickler zu werden – das ist der Traum von vielen
Computerspiel-Fans. Was viele nicht wissen: Bis ein Computer-
oder Konsolenspiel fertig gestellt ist, haben eine Menge Menschen
mit ganz unterschiedlichen Berufen aus vielen verschiedenen
5 Abteilungen daran gearbeitet.
Zuerst beschäftigen sich die Game-Designer mit einem Spiel. Sie
überlegen die Grundlagen und die Spielregeln. Wo soll das Spiel
stattfinden? Was sind die unterschiedlichen Levels und Stationen,
die der Spieler im Spiel durchlaufen muss? Und was ist das Ziel
10 des Spieles?
Die Arbeit eines Game-Designers muss man sich in etwa so
vorstellen wie die Arbeit eines Regisseurs beim Film. Der Game-
Designer entwickelt das Konzept, hat den Überblick über das Spiel
und weiß genau, wie es umgesetzt werden muss. Nur, dass er
15 damit nicht alleine beschäftigt ist: Ihm steht ein ganzes Team aus
Grafikern und Game-Developern zur Seite.
Die Grafiker etwa entwerfen das Aussehen des Spieles. Je nach Art
des Spiels kann es sein, dass sehr viele Grafiker mit einzelnen
Details beschäftigt sind. So werden beispielsweise Häuser,
20 Menschen, Tiere oder Landschaften entworfen und bekommen
ein ganz eigenes, an das Grunddesign des Spiels angepasstes
Aussehen.
Sind die Grafiker mit ihrer Arbeit fertig und steht der Spielablauf,
übernehmen die Game-Developer. Übersetzt heißt „Game-
25 Developer" eigentlich „Spieleentwickler". Sie sind für die
technische Umsetzung des Spieldesigns verantwortlich. Nach der
Vorgabe der Game-Designer und den Vorlagen der Grafiker
programmieren sie die virtuellen Welten und lassen so das Spiel
entstehen.

2 Suche die folgenden Wörter im Text, markiere sie und kreuze die für diesen Text korrekte Erklärung an.

die Konsole	☐ Regal zum Abstellen von Sachen	☐ Gerät zum Abspielen von Musik oder Spielen
das Konzept	☐ Entwurf, Plan	☐ Zusammenfassung einer Idee
der/das Level	☐ die Ebene, auf der man steht	☐ Abschnitt eines Spiels
der Regisseur/ die Regisseurin	☐ Spielleiter/in beim Film	☐ Geldgeber beim Film
das Detail	☐ die Einzelheit	☐ die Kleinigkeit
das Design	☐ die Gestaltung und Planung	☐ Farbe und Form einer Sache
virtuell	☐ von einem Virus befallen	☐ nicht real, nur im Computer vorhanden

3 Für wen ist dieser Text gedacht? Notiere deine Vermutungen und belege sie am Text. Schreibe in dein Heft.

4 Schreibe eine passende Überschrift auf die Linie über dem Text.

Ein großes Team – Ein tolles Spiel – Mein Traumberuf – Regeln müssen sein

5 Bestimme die Zeitform des Textes. Warum wird diese Zeitform verwendet?

_____

_____

Event-Manager
Programmierer
Spiele-Entwickler
Mode-Designer

6 a) Wer ist bei der Entwicklung eines Computerspiels beteiligt? Unterstreiche die drei Berufsbezeichnungen im Text. Notiere sie als Zwischenüberschrift am Rand.

b) Welche Aufgaben haben die Personen? Unterstreiche für jeden Beruf mit einer anderen Farbe und stelle die wesentlichen Angaben in der Tabelle zusammen.

Beruf	Aufgaben

Einen wertenden Zeitungstext erkennen

1 Lies den folgenden Text und bestimme die Textsorte.

Dorothea Szymanski

Spieletest: Übung für die Stimmbänder

Es darf wieder gesungen werden – und zwar die Tonleiter hoch und runter! „Karaoke Revolution" heißt das Spiel für Nintendo Wii, bei dem es eine riesengroße Songauswahl für alle angehenden Sänger gibt. Aktuelle und bekannte Lieder wechseln sich dort ab mit älteren und auch unbekannten
5 Hits – teilweise auch Stücke aus anderen Ländern, so dass man Gesang und Stimme auch mal an diesen Songs ausprobieren kann – der große Vorteil dieses Singspiels! Ansonsten muss man sich bei „Karaoke Revolution" ein bisschen umgewöhnen, wenn man andere Karaoke-Spiele gewohnt ist. Im Gegensatz zu den üblichen Games nämlich bleibt bei diesem Spiel der Text
10 nicht stehen, sondern läuft die ganze Zeit am unteren Bildrand durchs Bild – direkt unter der angegebenen Tonhöhe. Das verwirrt am Anfang ein bisschen, besonders auch weil der Songtext in Silben aufgeteilt ist und man sich erst an diese Darstellungsweise gewöhnen muss. Hat man das aber einmal drin, ist der Unterschied nicht mehr so groß und man kann mit
15 großem Spaß die vielen tollen Songs ausprobieren! Außerdem ein großer Pluspunkt: Große Auswahl gibt's auch beim Erstellen der Spielfiguren, also der unterschiedlichen Sänger, und bei den Auftrittsorten. Ihr könnt viele verschiedene Bühnen entwerfen und euren Spieler genau so gestalten, wie euer Star eben aussehen soll. Das macht Spaß und ein richtig
20 gutes Spiel aus – und wer noch mehr Mikros daheim hat, der kann auch im Mehrspielermodus loslegen. Ansonsten heißt es mit dem einen Mikro, das beim Spiel dabei ist, eben: Soloauftritt!

2 Halte in einer Tabelle fest, was laut diesem Artikel für und was gegen das Spiel spricht.

Pro	Kontra

3 Wessen Meinung gibt der Artikel wieder? Fasse das Urteil in eigenen Worten zusammen.

_____

_____

4 In welcher Reihenfolge werden die Vor- (V) und Nachteile (N) im Text genannt? Liste sie auf.

V: große Liedauswahl _____

_____

_____

5 Gibt es Argumente, die dich überzeugen könnten, das Spiel zu kaufen? Begründe deine Meinung.

_____

_____

_____

_____

6 Schreibe eine eigene Rezension/Kritik zu einem Spiel/Buch, das dir gefällt.
- Wie lautet deine Meinung? Begründe sie.
- Sammle deine Argumente und sortiere sie.
- Achte auf die Form und die Sprache.

Teste dich selbst!

Einem Schaubild Informationen entnehmen

Vorlieben in Bezug auf Kommunikationskanäle	Bevölkerung insgesamt	Altersgruppen				
		18–19 Jahre	20–29 Jahre	30–44 Jahre	45–59 Jahre	60 Jahre u. älter
	%	%	%	%	%	%
Für mich ist ein persönliches Gespräch die angenehmere Form, um mich mit anderen auszutauschen.	63	36	51	65	70	69
Ich telefoniere gerne ausgiebig.	31	52	35	32	27	25
Ich schreibe gerne E-Mails.	17	47	28	23	13	3
Ich chatte gern im Internet.	15	67	33	14	7	2
Wenn ich Freunden etwas mitteilen möchte, schreibe ich am liebsten eine SMS.	15	52	32	16	8	2
Ich schreibe gerne Briefe.	14	11	11	10	13	20

1 Ordne die angegebenen Kommunikationsformen in die Tabelle ein. | / 3 |

Mündliche Kommunikation	Schriftliche Kommunikation

2 Untersuche, welche Bedeutung das Gespräch für die unterschiedlichen Altersgruppen hat. Formuliere dein Ergebnis in einem Satz/in mehreren Sätzen. | / 2 |

_____

_____

3 Welches Kommunikationsmittel wird von Jugendlichen bevorzugt? Belege deine Antwort. | / 2 |

_____

_____

4 „Junge Leute schreiben nicht mehr!" Überprüfe diese Behauptung und nimm begründet Stellung. Schreibe in dein Heft. | / 4 |

Gesamt:

/ 11

Einen literarischen Text erschließen

Britta Dubber

Schlussfolgerungen

Ich erkannte sie sofort. Sie hatte sich kaum verändert.
Unentschlossen blieb ich im Eingangsbereich stehen und starrte sie an. Sie
wickelte einer grauhaarigen Dame gerade Lockenwickler ins Haar, ab und zu
sah und hörte ich sie lachen. Ein herzhaftes Lachen, das beinahe ansteckend
5 wirkte. Ich kannte es noch von früher.
An Vieles konnte ich mich nicht mehr erinnern, aber ihr Lachen war mir im
Gedächtnis geblieben. Kurz nachdem sie uns verlassen hatte, war für lange
Zeit ihr Lachen in meinen Träumen ertönt. Aber ich hatte nie ihr Gesicht
dazu gesehen. Damals hatten mich die Träume geängstigt und ich hatte mir
10 jeden Abend vor dem Schlafengehen ein Foto von ihr angeguckt, weil ich
Angst hatte, ihr Gesicht zu vergessen. Irgendwann war ihr Lachen
verschwunden.
Ich zuckte zusammen, als sie in meine Richtung blickte, aber sie schien
mich nicht erkannt zu haben. Sie rief ihrer Kollegin an der Kasse etwas zu,
15 dann widmete sie sich wieder ihrer Kundin.
Sie trug immer noch eine blonde Kurzhaarfrisur und wie früher war sie ganz
in Schwarz gekleidet. „Die Farbe macht Mama schlank", hatte sie mir einmal
geantwortet, als ich wissen wollte, weshalb sie immer nur dunkle Kleidung
trug. Damals war ich fünf gewesen und kurz darauf hatte sie uns verlassen.
20 Ob sie mich wiedererkennen würde? Immerhin waren fast zwanzig Jahre
vergangen. Aus einer tollpatschigen Fünfjährigen war eine ehrgeizige,
erfolgreiche Geschäftsfrau geworden.
„Was kann ich für Sie tun?"
Eine junge Frau mit knallroten Rastalocken riss mich aus meinen Gedanken.
25 Ich fuhr zusammen und lächelte nervös.
„Ich … ich möchte von Margarethe Schmidt bedient werden", sagte ich und
war mir noch nicht einmal sicher, ob ich das auch wirklich wollte.
Die junge Frau, ein Lehrling, vermutete ich, lächelte mir freundlich zu, dann
führte sie mich zu einer kleinen Sitzecke, die gleich neben der Kasse war.
30 „Frau Schmidt ist völlig ausgebucht heute, aber vielleicht kann eine meiner
Kolleginnen Ihnen weiterhelfen? Sie können auch warten, aber das kann
lange dauern. Oder Sie machen einen Termin", sagte sie mit glockenheller
Stimme.
„Ich weiß nicht", sagte ich unentschlossen und setzte mich auf einen
35 der Metallstühle. Wollte ich meiner Mutter wirklich nach all den Jahren

gegenübertreten? Wollte ich sie und vor allem mich mit der Vergangenheit konfrontieren?

„Ich warte einfach", sagte ich.

Die Rothaarige lächelte mir kurz zu, nickte und rauschte dann davon. Kurze
40 Zeit später sah ich sie an der Kasse, wie sie mit einer älteren Kollegin sprach, die mehrmals in meine Richtung blickte.

Vermutlich hatte ich einen verwirrten Eindruck gemacht, aber das war mir egal. Mich hatte noch nie interessiert, was andere Leute von mir hielten oder über mich dachten.

45 Ich griff nach einer Modezeitschrift, die auf dem Glastisch vor mir lag, und blätterte darin, doch meine Gedanken drehten sich ununterbrochen um meine Mutter, so legte ich die Zeitschrift wieder beiseite und begann, mich im Laden umzusehen.

Der Friseursalon sah aus wie jeder andere, viele Poster von schönen
50 Menschen mit schicken modischen Frisuren hingen an den Wänden. Ich betrachtete gerade intensiv das Bild einer jungen Frau mit einem blonden Pagenkopf, welches neben der Eingangstür hing, als meine Mutter von der Rothaarigen an die Kasse gerufen wurde.

„Telefon, es ist dein Mann", sagte sie, als sie ihr den Hörer in die Hand
55 drückte.

Ich rutschte unruhig auf meinem Stuhl hin und her. Sie war verheiratet. Diese Möglichkeit hatte ich gar nicht berücksichtigt.

Aber was hatte ich denn erwartet? Sie war eine attraktive Frau, die uns mit Sicherheit nicht verlassen hatte, um ein klösterliches Leben zu führen.
60 Hatte sie weitere Kinder?

„Du kannst doch auch mal einkaufen gehen, warum soll ich denn alles machen?", schrie sie plötzlich.

Ich blickte auf den Boden. Mir war die Situation auf einmal unangenehm. Was erwartete ich überhaupt? Eine Versöhnung? Nein, ich wollte meine
65 Fragen beantwortet haben. Aber wollte ich das wirklich? Was, wenn mir die Antworten nicht gefielen?

„Ich arbeite hart, während du auf der faulen Haut liegst. Ist es da zu viel verlangt, dass du etwas im Haushalt mithilfst?", schrie sie weiter in den Hörer.
70 Ihr Mann ist vermutlich arbeitslos, vielleicht Alkoholiker, ging es mir durch den Kopf. Und sie ist diejenige, die das Geld nach Hause bringt, welches er vermutlich versäuft oder verspielt. Vielleicht schlägt er sie sogar. Ich sah zu ihr rüber. Sie hatte tiefe Ringe unter den Augen und ihr Teint war sehr blass.

Was für ein Leben, dachte ich, und empfand auf einmal Mitleid.

75 Sie war eine hart arbeitende Friseuse. Der Beruf wurde nicht gerade gut bezahlt, zudem schien ihr Mann ein fauler Sack zu sein.

Ich stand auf und ging zur Tür. Ich hatte genug Antworten gefunden. Für mich spielte es keine Rolle mehr, warum sie uns verlassen hatte. Mir war klar geworden, dass das für mich nicht mehr von Bedeutung war. Vielleicht

80 war es nie von Wichtigkeit gewesen. Vielleicht hatte ich sie einfach nur sehen wollen.

Als ich den Salon verließ, empfand ich plötzlich ein unglaubliches Gefühl der Erleichterung. Ich hatte mit meiner Vergangenheit abgeschlossen. Ich fühlte mich frei.

85 „Wo ist denn die Kundin hin, diese große Blonde, die in der Warteecke gesessen hatte?", fragte Margarethe, als sie den Anruf beendet hatte.

Die Rothaarige zuckte mit den Schultern. „Keine Ahnung. Sie wollte von der Chefin persönlich bedient werden", erwiderte sie in hochgestochenem Tonfall. „Ich habe ihr gesagt, dass du zu tun hast und es lange dauern kann.

90 Vermutlich war ihr die Zeit zu lang geworden."

Margarethe grunzte: „Da ist sie nicht die Einzige. Herbert wird die Zeit in seinem Urlaub auch zu lang. Ist das zu fassen, da arbeitet er sechs Tage die Woche als Filialleiter eines Supermarktes, aber einkaufen während seines Urlaubs, das kann er nicht!", sagte sie und schüttelte ungläubig den Kopf.

1 Lies den Text aufmerksam und notiere deine ersten Eindrücke. Schreibe in dein Heft.

2 Gliedere die äußere Handlung des Textes in „Filmszenen". Schreibe zu jedem Abschnitt einen Satz in dein Heft, der die wichtigste Handlung wiedergibt.

3 a) Benenne die zwei Hauptfiguren: _____ _____

   b) Unterstreiche wichtige Informationen zu den beiden Hauptpersonen. Verwende für jede Person eine eigene Farbe.

   c) Fasse (in deinem Heft) zusammen, was du über die zwei Figuren erfährst.

Margarethe Schmidt trägt gerne schwarze Kleidung und hat kurzes,

blondes Haar …

4 Ergänze die Figurenskizze. Zeichne Pfeile und benenne die Beziehungen.

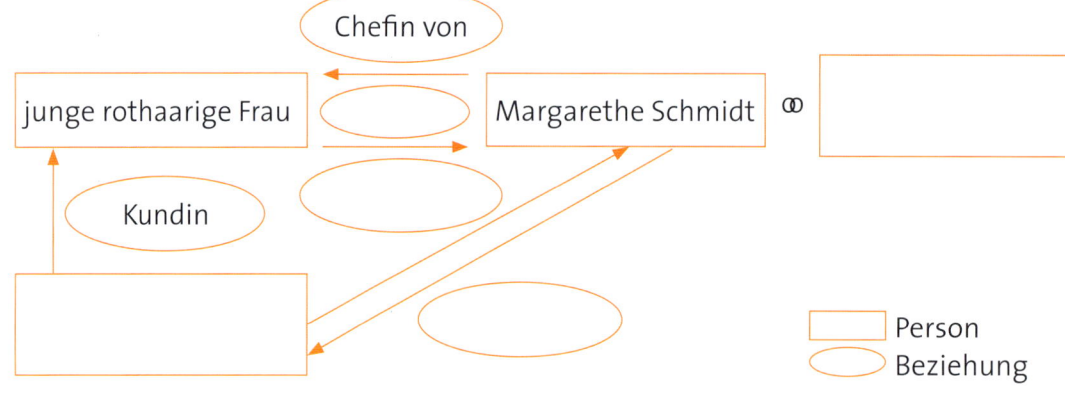

5 a) Untersuche die innere Handlung bei der Figur der Ich-Erzählerin. Schreibe alle sieben Fragen, die sie sich selbst stellt, heraus.

1. Ob sie mich wiedererkennen würde?

_____

_____

_____

_____

b) Von dem Verhalten einer Figur (äußere Handlung) kann man auf die innere Handlung, ihre Gefühle, schließen. Beschreibe bei den Beispielen, wie die Person sich fühlt.

	äußere Handlung	innere Handlung
Z.45	Ich griff nach einer Modezeitschrift [...] blätterte darin [...] legte [...] die Zeitschrift wieder beiseite [...].	
Z.56	Ich rutschte unruhig auf meinem Stuhl hin und her.	
Z.63	Ich blickte auf den Boden.	„Mir war die Situation auf einmal unangenehm." → Sie fühlt sich unwohl, es ist ihr peinlich, das Gespräch mitzuhören.

6 Im letzten Abschnitt der Geschichte wird eine neue Erzählsituation verwendet.

a) Aus welcher Perspektive wird bis dahin erzählt? Was bedeutet das für den Leser?

_____

_____

b) Warum behält die Autorin im letzten Abschnitt diese Perspektive nicht bei?

_____

_____

7 Beachte die Satzanfänge in Zeile 82–84. Was fällt dir auf? Suche eine Erklärung.

_____

_____

TIPP

Was die Figur denkt und fühlt, nennt man innere Handlung.
Was die Figur tut und sagt, nennt man äußere Handlung.

Literarische Texte lesen

8 Finde die Beispiele aus der Tabelle im Text und ordne eine passende Umschreibung aus Spalte 2 zu, indem du eine Verbindungslinie ziehst. Schreibe eine weitere Umschreibung in Spalte 3.

Textbeispiel		Eigene Umschreibung
Ich zuckte zusammen.	Ich kann an nichts anderes denken.	
Riss mich aus meinen Gedanken.	Ich erschrak sehr.	
Auf der faulen Haut liegen.	Ich denke lange über eine Sache nach.	
Ging es mir durch den Kopf.	Es sich gemütlich machen und entspannen.	
Meine Gedanken drehten sich.	Etwas Unvorhergesehenes, Überraschendes passiert und lenkt mich ab.	

9 „Ich hatte genug Antworten gefunden." (Z. 77)
Notiere die Frage, die die Ich-Erzählerin bisher beschäftigt hat. Fasse die Antworten, die sie gefunden hat, in eigenen Worten zusammen.

_____

_____

10 „Ich hatte mit meiner Vergangenheit abgeschlossen. Ich fühlte mich frei." (Z. 83 f.)
Nimm Stellung: Kannst du dieses Gefühl verstehen oder siehst du die Situation anders? Begründe deine Meinung.

_____

_____

_____

_____

_____

_____

_____

Teste dich selbst!

Einen literarischen Text erschließen

Reiner Kunze

Fünfzehn

Sie trägt einen Rock, den kann man nicht beschreiben, denn schon ein einziges Wort wäre zu lang. Ihr Schal dagegen ähnelt einer Doppelschleppe: lässig um den Hals geworfen, fällt er in ganzer Breite über Schienbein und Wade. (Am liebsten hätte sie einen Schal, an dem mindestens drei
5 Großmütter zweieinhalb Jahre gestrickt haben – eine Art Niagara-Fall aus Wolle. Ich glaube, von einem solchen Schal würde sie behaupten, daß er genau ihrem Lebensgefühl entspricht. Doch wer hat vor zweieinhalb Jahren wissen können, daß solche Schals heute Mode sein würden.) Zum Schal trägt sie Tennisschuhe, auf denen jeder ihrer Freunde und jede ihrer
10 Freundinnen unterschrieben haben. Sie ist fünfzehn Jahre alt und gibt nichts auf die Meinung uralter Leute – das sind alle Leute über dreißig. Könnte einer von ihnen sie verstehen, selbst wenn er sich bemühen würde? Ich bin über dreißig. Wenn sie Musik hört, vibrieren noch im übernächsten Zimmer die Türfüllungen. Ich weiß, diese Lautstärke bedeutet für sie
15 Lustgewinn. Teilbefriedigung ihres Bedürfnisses nach Protest. Überschall-verdrängung unangenehmer logischer Schlüsse. Trance. Dennoch ertappe ich mich immer wieder bei einer Kurzschlußreaktion: ich spüre plötzlich den Drang in mir, sie zu bitten, das Radio leiser zu stellen. Wie also könnte ich sie verstehen – bei diesem Nervensystem? Noch hinderlicher ist die
20 Neigung, allzu hochragende Gedanken erden zu wollen. Auf den Möbeln ihres Zimmers flockt der Staub. Unter ihrem Bett wallt er. Dazwischen liegen Haarklemmen, ein Taschenspiegel, Knautschlackledderreste, Schnellhefter, Apfelstiele, ein Plastikbeutel mit der Aufschrift „Der Duft der großen weiten Welt", angelesene und übereinandergestülpte Bücher (Hesse, Karl May,
25 Hölderlin), Jeans mit in sich gekehrten Hosenbeinen, halb- und dreiviertel gewendete Pullover, Strumpfhosen, Nylon und benutzte Taschentücher. (Die Ausläufer dieser Hügellandschaft erstrecken sich bis ins Bad und in die Küche.) Ich weiß: Sie will sich nicht den Nichtigkeiten des Lebens ausliefern. Sie fürchtet die Einengung des Blicks, des Geistes. Sie fürchtet die
30 Abstumpfung der Seele durch Wiederholung! Außerdem wägt sie die Tätig-keiten gegeneinander ab nach dem Maß an Unlustgefühlen, das mit ihnen verbunden sein könnte, und betrachtet es als Ausdruck persönlicher Freiheit, die unlustintensiveren zu ignorieren. Doch nicht nur, daß ich ab und zu heimlich ihr Zimmer wische, um ihre Mutter vor Herzkrämpfen zu
35 bewahren, – ich muß mich auch der Versuchung erwehren, diese Nichtig-keiten ins Blickfeld zu rücken und auf die Ausbildung innerer Zwänge hinzuwirken. Einmal bin ich dieser Versuchung erlegen. Sie ekelt sich schrecklich vor Spinnen. Also sage ich: „Unter deinem Bett waren zwei Spinnennester." Ihre mit lila Augentusche nachgedunkelten Lider
40 verschwanden hinter den hervortretenden Augäpfeln, und sie begann „Iix! Ääx! Uh!" zu rufen, so daß ihre Englischlehrerin, wäre sie zugegen gewesen, von soviel Kehlkopfknacklauten – englisch „glottal stops" – ohnmächtig

geworden wäre. „Und warum bauen die ihre Nester gerade bei mir unterm Bett?" „Dort werden sie nicht oft gestört." Direkter wollte ich nicht werden,
45 und sie ist intelligent. Am Abend hatte sie ihr inneres Gleichgewicht wiedergewonnen. Im Bett liegend, machte sie einen fast überlegenen Eindruck. Ihre Hausschuhe standen auf dem Klavier. „Die stelle ich jetzt immer dorthin", sagt sie. „Damit keine Spinnen hineinkriechen können." R

Lies den Text aufmerksam.

/ 3

1 Schreibe zu jedem Abschnitt eine kurze Zwischenüberschrift in die Randspalte.

/ 4

2 Ein Mädchen wird im Text beschrieben: Fasse kurz zusammen, was du über sie, ihr Aussehen, ihre Kleidung, ihr Verhalten erfährst.

_____

_____

/ 6

3 Beim Thema „Musikhören" und „Aufräumen" wird deutlich, dass der Erzähler nach Erklärungen für das Verhalten des Mädchens sucht.

a) Markiere diese Erklärungen im Text.

b) Warum sucht er diese Erklärungen?

c) Welche sprachlichen Mittel werden verwendet?

_____

_____

/ 4

4 Der Erzähler stellt sich selbst zwei Fragen. Schreibe diese Fragen heraus. Warum sind sie für die Geschichte wichtig?

_____

_____

/ 4

5 „Direkter wollte ich nicht werden, und sie ist intelligent." (Z. 44 f.) Schreibe auf, was der Erzähler hier nicht direkt sagt, aber ihr gerne sagen will.

_____

/ 6

6 Nimm Stellung zum Verhalten der beiden Figuren und begründe deine Meinung. Schreibe in dein Heft.

Gesamt:

/ 27

Ein Gedicht untersuchen

 Beim Lesen eines Gedichtes helfen dir folgende Schritte:

- Halte deine **Leseeindrücke** fest und stelle Vermutungen an.
- **Beschreibe** die **Form** und **Gliederung** des Gedichts.
- Untersuche die **sprachliche Gestaltung**.
- **Beschreibe** dein **Textverständnis** und **belege** am **Text** und der **Textgestaltung**.

Alfred Wolfenstein

Städter

Dicht wie Löcher eines Siebes stehn
Fenster beieinander, drängend fassen
Häuser sich so dicht an, dass die Straßen
grau geschwollen wie Gewürgte stehn.

5 Ineinander dicht hineingehakt
sitzen in den Trams die zwei Fassaden
Leute, ihre nahen Blicke baden
ineinander, ohne Scheu befragt.

Unsre Wände sind so dünn wie Haut,
10 dass ein jeder teilnimmt, wenn ich weine.
Unser Flüstern, Denken … wird Gegröle …

Und wie still in dicht verschlossener Höhle
ganz unangerührt und ungeschaut
steht ein jeder fern und fühlt: alleine.

1 Lies das Gedicht und notiere deine ersten Gedanken und Gefühle zum Text.

2 Notiere in den Kästen am Rand zu jeder Strophe, ob sie Äußeres Ä (Dinge, die man sieht) oder Inneres I (Gefühle oder Gedanken) beschreibt.

3 a) Beschreibe den Aufbau des Gedichts.

TIPP

Die Zeile eines Gedichts heißt Vers, mehrere Verse bilden eine Strophe.

_____

_____

b) Markiere die Reime mit Buchstaben und ermittle das Reimschema.

c) Bestimme das Versmaß.

TIPP

Durch Klopfen kannst du den Wechsel von betonten und unbetonten Silben leicht erkennen.

_____

d) Vergleiche deine Ergebnisse zu Aufbau und Reimschema mit deinem Ergebnis bei Aufgabe 4. Was stellst du fest?

_____

_____

4 Untersuche die erste Strophe. Unterstreiche die Vergleiche.

5 Beschreibe die Wirkung der Vergleiche.

INFO

Ein Vergleich verbindet Unterschiedliches, das sich in einem Punkt gleicht, durch das Wort „wie".

_____

_____

6 Ordne die Begriffe in die Tabelle ein und ergänze Beispiele aus „Städter".

unvollständiger Satz	Vermenschlichung einer Sache
gleicher Anfangsbuchstabe bei aufeinanderfolgenden Wörtern	

Sprachliches Mittel	Erklärung	Beispiel	Beispiel aus „Städter"
Personifikation		Die Sonne lacht.	
Alliteration		Du darfst das!	
Ellipse		Keine Ahnung.	

7 Lies das Gedicht noch einmal und beschreibe die Stimmung, die es auslöst. Erkläre und zeige an Beispielen, wodurch diese Stimmung entsteht.

_____

_____

_____

8 Fasse die Aussage des Textes in eigene Worte, nimm persönlich Stellung zu der Aussage und bringe deine eigenen Erfahrungen ein.

_____

_____

_____

_____

_____

_____

Teste dich selbst!

Ein Gedicht untersuchen

Hilde Domin

Bitte an einen Delphin

Jede Nacht
Mein Kissen umarmend wie einen sanften Delphin
Schwimme ich weiter fort.

Sanfter Delphin
5 In diesem Meer von Herzklopfen,
trage mich

wenn es hell wird,
an einen gütigen Strand.
Fern der Küste von morgen.

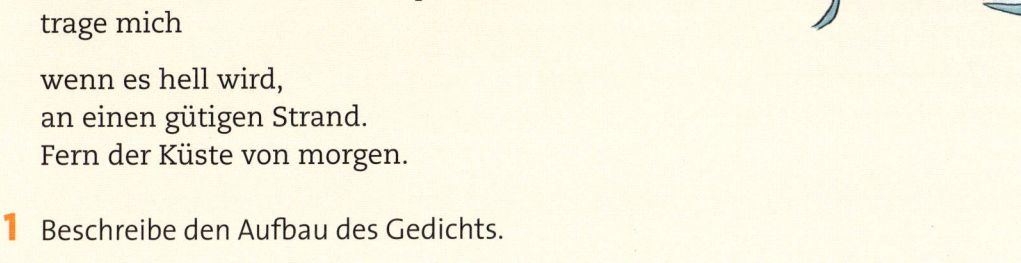

1 Beschreibe den Aufbau des Gedichts. ⬚ / 2

_____

_____

2 Ergänze die folgende Tabelle. ⬚ / 5

Sprachliches Mittel	Textbeispiel	Wirkung
Vergleich		zeigt die Sehnsucht nach Nähe und Schutz
	an einen gütigen Strand	
Ellipse		

3 Erkläre den 3. und 5. Vers. Was ist mit „Schwimme" gemeint? Was könnte das „Meer von Herzklopfen" hier bedeuten? ⬚ / 2

_____

_____

4 Kennst du Situationen, in denen du ähnlich fühlst? Schreibe in dein Heft. ⬚ / 3

⬚ Gesamt: / 12

Sprachvarianten untersuchen

Was sind Sprachvarianten?

- Die Standardsprache ist die **allgemein verbindliche Form unserer Sprache**. Im **Alltag** sprechen wir häufig **Umgangssprache**.
- Einzelne **Gruppen** verfügen über **weitere Sprachvarianten**, z.B.: **berufliche Fachsprachen**, **Dialektvarianten** oder **Jugendsprache**.
- Die Sprache, die ich verwende, macht auch Aussagen über mich. Deshalb ist es wichtig, eine der **Situation und dem Gesprächspartner angemessene Sprache** zu verwenden.

1 Betrachte das Bild. Mann und Frau sind mit unterschiedlichen Requisiten ausgestattet: Welche Unterschiede in der Sprache könnten damit angedeutet werden? Fülle die Tabelle aus.

	Männer	Frau
Requisite		
Sprache		

2 Lies den Text und überprüfe deine Vermutungen.

Print wirkt

Mann: … für mich bitte nen Espresso, aber doppio con latte und wenn's geht, die latte bitte als triple grand soy latte …
[…]
Mann 1: Zeitung?
5 Mann 2: Stranger Name.
Mann 1: Mir wär das Display ja zu groß.
Frau: Ach, das ist kein Problem. Das lässt sich ganz einfach verkleinern, mit der knick-and-push-Funktion (Frau faltet die Zeitung zusammen) […]
Mann 2: Kann man denn die ganzen Infos auch speichern?
10 Frau: Ganz einfach: mit der neuartigen strip-out-Funktion: Man reißt die news einfach aus der page und archiviert sie dann mit drag and drop in der ass-pocket.
Mann: In der was?
Frau: In der Gesäßtasche. […]
15 Mann: Und wo kann man so'n Teil kaufen?
Verkäufer: Bei mir im Laden!
Mann 1: Im Laden?
Mann 2: Also immer on demand?
Verkäufer: Ich habe das sogar als Flatrate.
20 Mann: Als Flatrate?
Verkäufer: Ja, wir nennen das Abo.

3 Sketche wollen unterhalten, können aber auch bloßstellen/lächerlich machen und damit kritisieren. Welche Absicht hat dieser Sketch?

_____

_____

4 Schreibe die englischen Begriffe (Anglizismen) aus dem Sketch heraus, die im Deutschen häufig benutzt werden, und erkläre, was man darunter versteht.

TIPP

Es sind vier Anglizismen.

_____

_____

A Entschuldigen Sie, ich werde mich etwas verspäten. Das hat aber keinen Einfluss auf die Veranstaltung. Bitte kümmern Sie sich so lange um alles. Herzlichen Dank.

B Bitte entschuldigen Sie vielmals. Ich werde wegen eines Staus nicht pünktlich sein. Ich bedaure das sehr. Dürfte ich Sie bitten für den geregelten Ablauf der Veranstaltung zu sorgen? Ich weiß Ihre Hilfe sehr zu schätzen.

C Tut mir leid. Ich schaff's nicht. Aber es bleibt alles wie abgesprochen. Sie machen das schon. O.k., bis später.

D Sorry, ich habe ein Delay. Aber das hat keinen Effekt auf das Event. Sie managen das bitte. Danke.

E Mist, ich pack's echt nicht. Macht's halt ohne mich. Wird schon schiefgehen.

5 **a)** Stelle Vermutungen zum Sprechenden (Alter, Geschlecht, ...) und zum Verhältnis von Sprecher und Zuhörer an. Schreibe in dein Heft.

b) Welchem Sprecher ordnest du folgende Verhaltensweisen/ Charaktereigenschaften zu?

arrogant	_höflich_	_distanziert_	_kumpelhaft_	_unsicher_

_____

_____

6 Liste mindestens zehn englische Begriffe aus dem Bereich Computertechnik/Internet auf, die auch im Deutschen verwendet werden.

_____

_____

7 Welche der Begriffe zählen für dich bereits zur Standardsprache?

_____

_____

Teste dich selbst!

Sprachvarianten

Wir haben die neuesten Outfits voll im Visier.
Die Must-haves der Saison zeigt dir unser Trendstylist.
*Die Sachen sind nur cool: Blumenprints zu lässigem Businesslook sind
angesagt. Der Retro-Trend hat jetzt auch das Casual Wear voll im Griff.*
Denim ist unkaputtbar: Blau bleibt auf der Straße.

1 Kreuze an. Dieser Text stammt

a) aus einem edlen Modemagazin. ☐   **b)** aus einer Mädchenzeitschrift. ☐

/ 3

2 Begründe deine Entscheidung. Schreibe in dein Heft.

/ 4

3 Nenne je zwei Beispiele für Fachsprache und Jugendsprache aus dem Text.

Fachsprache	Erklärung

/ 2

4 Nenne zwei Gründe, warum in der Modebranche viele englische Begriffe
verwendet werden.

_____

/ 6

5 a) Nenne die Sprachvariante, die die Bewerber im folgenden Gespräch jeweils
verwenden. Schreibe die Antwort in dein Heft.

Bewerbungsgespräche

Erzählen Sie doch ein wenig von sich selbst.
Tim: Sehr gerne. Ich bin 15 Jahre alt und mache in Kürze meinen Schul-
abschluss. Meine Hobbys sind Fußballspielen und Musik. Ich spiele in einem
Verein, dem …
Tanja: Nun, ich spiele echt gut Klavier und shoppen gehe ich auch total
gern. Das macht mir echt Spaß und am coolsten finde ich ja den Shop an
der …

b) Welche Sprachvariante ist bei einem Bewerbungsgespräch zu verwenden?
Schreibe die Antwort in dein Heft.

c) Nenne drei Beispiele für die Besonderheit von Tanjas Sprachvariante.
Schreibe in dein Heft.

Gesamt:

/ 15

40

Fachbegriffe erschließen

Jobstarter: das Förderprogramm für mehr Ausbildungsplätze

Jobstarter leistet einen wichtigen flankierenden Beitrag zu den Aktivitäten des „Nationalen Pakts für Ausbildung und Fachkräftenachwuchs in Deutschland". [...] Jobstarter zielt insbesondere auf eine nachhaltige Fachkräftesicherung der betrieblichen Ausbildung, europäische Öffnung und gesteigerte Attraktivität dualer Berufsausbildung. [...] Ein Fokus liegt auf der Akquise von Ausbildungsplätzen in neuen Berufen und in Zukunftsbranchen wie den erneuerbaren Energien.

1 a) Erkläre den Fachbegriff „duale Berufsausbildung".

_____

_____

_____

b) Suche eine Umschreibung, die folgende Formulierungen ersetzt.

„gesteigerte Attraktivität" _____

_____

„ein Fokus liegt auf" _____

_____

c) Schlage den Begriff „Akquise" nach und nenne zwei Berufszweige, in denen Akquise eine Rolle spielt.

_____

d) „Jobstarter zielt [...] auf [...] nachhaltige Fachkräftesicherung [...]"
Erkläre dieses Ziel von Jobstarter in eigenen Worten und beschreibe, wie das Ziel erreicht werden soll. Schreibe in dein Heft.

Kino, Cinema, Movie

„Mumbai ist eine Stadt, die man nicht beschreiben und nicht wirklich fassen kann. [...] Sehr viel von dem, was man jetzt auf der Leinwand spürt, kam ganz automatisch. Die Stadt ist ein einziger vibrierender Organismus und eine Inspiration."

5 Zwar wird schon mit den ersten Bildern klar, dass dem Zuschauer bis zum vermuteten Happy End einiges zugemutet wird. Trotzdem lässt man sich bereitwillig darauf ein – dafür sorgt die suggestive Ausgangssituation: Jamal Malik, der „Slumdog", nämlich muss in der indischen Version von „Wer wird Millionär" nur noch eine Frage beantworten – dann hat er die Million
10 gewonnen. [...] Auf den Kinozuschauer wirkt dieser typische Fernseh-Cliffhanger aber sofort: Man will miterleben, wie das Wunder passiert und der Slumdog zum Millionär aufsteigt. Diesen Cliffhanger-Trick wendet schon die Buchvorlage an, der erfolgreiche Debütroman des indischen Diplomaten Vikas Swarup.

2 Um welchen Film geht es hier? Erläutere den Titel.

_____

_____

3 Cliffhanger ist ein Fachbegriff der Filmbranche. Lies den Text aufmerksam und erkläre die allgemeine Bedeutung des Begriffs. Schreibe in dein Heft.

INFO

Präfixe (Vorsilben) und Suffixe (Nachsilben) haben bei Fremdwörtern oft eine eigene Bedeutung. Wer sie kennt, versteht die Wörter leichter.

4 Hier ist etwas durcheinandergeraten. Ordne den Präfixen die richtige Bedeutung zu, indem du sie mit Linien verbindest.

Präfix	Bedeutung
Post-	aus/heraus
Anti-	Leben
Auto-	Erde
Bio-	selbst
Geo-	nach/hinter
Ex-	gegen

Präfix	Bedeutung
Sub-	dazwischen, mitten
Non-	nicht/un-
Multi-	Volk
Re-	unter
Demo-	wieder
inter-	viele

5 Auch Suffixe haben manchmal eine eigene Bedeutung. Die folgenden stammen aus dem Griechischen:

-log   -kratie   -itis

Prolog   *Dialog*   *Monolog*

Suche je drei Wörter für die anderen beiden Endungen und kläre die Bedeutung. Schreibe in dein Heft.

Teste dich selbst!

Fachbegriffe erschließen

Ich bin für die Steuerung der logistischen Prozesse zuständig. Außerdem überwache ich Lager-Kommissionier- und Transportsysteme, die dazugehörigen Informations- und Dokumentationssysteme unterstehen mir ebenfalls.

Ich arbeite in einer Rehabilitationsklinik und setze die ärztlichen Diätverordnungen um, ich erarbeite für die Patienten individuelle Diättherapien und berate und schule die Patienten.

Veranstaltungen und Präsentationen wie beispielsweise Tagungen, Kongresse, Produktpräsentationen, aber auch Konzerte, Ausstellungen und Feste werden von uns organisiert. Die Realisierung der kreativen Konzepte erfordert viel Organisation und bedeutet auch viel Verwaltungsarbeit. Die Agentur, bei der ich arbeite, ist sehr erfolgreich.

1 a) Unterstreiche alle Fachbegriffe in den Äußerungen. `/ 8`

b) Finde in jeder Äußerung je einen Fachbegriff, den du erläutern kannst, und schlage einen weiteren nach.

_____

c) Um welche Berufe/welches Berufsfeld geht es? Welche Wörter geben Hinweise?

_____

2 Zerlege die Fremdwörter und suche die Gemeinsamkeit. Womit haben die Beispiele einer Reihe zu tun? Notiere deine Ideen in dein Heft und gib eine Umschreibung der Begriffe. `/ 6`

Dermatologisch getestet!   *Neurodermitis*   *die Epidermis des Blattes*

die Familienchronik der Webers   *Ordne die Jahreszahlen chronologisch!*

   seine chronische Krankheit

3 Die Texte oben enthalten viele Fremdwörter. Finde eine Erklärung, warum sie in diesem Text verwendet werden. `/ 3`

_____

_____

Gesamt:

/ 17

_____

Nomen und Pronomen

 Nomen und Pronomen verwenden

- **Nomen** benennen **Gegenstände**, **Personen** oder **Abstraktes** und haben einen Artikel (*der*, *die*, *das*, *ein*, *eine*).
- **Pronomen** können die **Nomen ersetzen**. Sie sind Stellvertreter.
  Man unterscheidet: **Possessivpronomen** (zeigen, wem etwas gehört)
  Demonstrativpronomen (weisen besonders auf eine Sache hin)
  Indefinitpronomen (ersetzen nicht näher Bestimmtes)
  Personalpronomen (persönliche Fürwörter) verändern sich je nach Fall

1 Überarbeite den Text. Vermeide Wiederholungen, indem du Pronomen verwendest. Schreibe den überarbeiteten Text in dein Heft.

Die Eisenbahn ist eine der wichtigsten Erfindungen. Früher und noch heute sind drei Dinge notwendig, damit die Eisenbahn fährt: das Rad, die Schiene und ein Antrieb. Die Eisenbahn half, weite Räume zu erschließen. Die Eisenbahn verbindet noch heute Länder und Kontinente miteinander. Die Eisenbahn machte das Reisen preiswert. Auch der Wirtschaft brachte die Eisenbahn Vorteile: Güter können schneller und in großen Mengen von A nach B transportiert werden. Die Eisenbahn zählt zudem zu den umweltfreundlichen Transportmitteln und wird deshalb eine Zukunft haben. Selbst nach 200 Jahren sind die Grenzen der Technologie für Eisenbahnen noch nicht erreicht.

2 Schreibe den folgenden Text neu und verwende statt der Bilder Nomen und Pronomen.

Familienprobleme

Das Partizip I verwenden

Partizipien

- Partizipien werden **vom Verb abgeleitet**. Sie können die Funktion eines Adjektivs übernehmen und etwas beschreiben oder sie werden für die **Bildung von Zeitformen** (z. B. Perfekt) benötigt. Sie sind unveränderte Verbformen.
- Mit Hilfe des Partizips können gleichzeitig ablaufende Handlungen beschrieben werden.
- Das **Partizip I** erkennst du an der **Endung** -*end*, z. B.: *lach**end***.

1 Ergänze die Tabelle.

Partizip I	Verb
	kommen
	ablaufen
(fest-)setzend	
	stehen
	messen
sich erinnernd	
	organisieren

2 Erstelle eine Liste der Schüler und Sachen. Verwende dazu Partizipien.

Aktivitäten im Klassenzimmer

Lena liest. Drei Mädchen wischen die Tafel. Paul lacht. Zwei Jungen streiten. Matheaufgaben werden gelöst. Einer bemalt den Tisch. Eine Schultasche fällt um. Semin schreibt. Büsra zeichnet. Jona schmiert in sein Buch. Max isst. Tanakan hört Musik. Das Handy klingelt. Robin telefoniert.

die lesende Lena

_____

_____

_____

_____

_____

3 Unterstreiche das Partizip I im ersten Abschnitt.

Nano:
klein, zwerghaft, bei physikal. Einheiten ein Milliardstel der Einheit
Nanotechnologie:
Forschungen im Bereich der Oberflächenphysik und -chemie
Diabetes:
die Zuckerkrankheit
Insulin:
in der Bauchspeicheldrüse produziertes Hormon
Tarnkappe:
Mütze/Hut, die/der beim Tragen unsichtbar macht
Pore:
feine Hautöffnung

Nanu? Nano* ! Biotechnologie und Medizin

Sehr konkrete Hoffnungen verbinden sich mit medizinischen Anwendungen der Nanotechnologie*, seien es verbesserte Medizintechnik und neuartige Materialien, bahnbrechende Diagnosemöglichkeiten oder Therapien.
5 So wird etwa an einer Behandlungsmethode gegen Diabetes* geforscht, bei der den Patienten in Gelkapseln eingeschlossene Zellen eingepflanzt werden sollen, die Insulin* produzieren. Normalerweise würden diese sofort vom Immunsystem zerstört. Die Kapsel wirkt aber wie eine
10 Tarnkappe*, so dass die Fresszellen sie nicht angreifen. Dennoch gelangen durch ihre Poren* im Nanoformat Nährstoffe zu den Zellen und umgekehrt das Insulin in den Körper. Gewonnen wird der Rohstoff für das Gel aus Algen, die vor der chilenischen Küste wachsen. Bevor die verkapselten Zellen den Patienten eingepflanzt werden, können
15 sie in tiefgefrorenem Zustand gelagert werden. Auch hierbei hilft die Nanotechnik: Werden die Zellkapseln auf nanostrukturierten Oberflächen gefrostet, können sie nachher voll funktionstüchtig wieder aufgetaut werden.

4 Beantworte folgende Fragen, indem du die Antwort gebenden Relativsätze im Text unterstreichst und die Antwort mit einem Partizip formulierst.

a) Welche besonderen Zellen sollen Diabetikern eingepflanzt werden?

Es sollen … _____

_____

b) Woraus besteht der Rohstoff für das verwendete Gel?

_____

5 Suche die Antworten zu den Fragen.

a) Warum müssen die Zellen verkapselt werden? Kreuze die richtige Antwort an.

☐ Damit das Immunsystem sie nicht zerstört.

☐ Damit man sie einpflanzen kann.

☐ Zellen sind immer verkapselt.

b) Welchen Vorteil hat die Nanotechnik bei der Lagerung der verkapselten Zellen?

_____

_____

_____

Mit Verben Zeitformen bilden

Verben haben verschiedene Zeitformen

- **Vorvergangenheit** (Plusquamperfekt): Er **hatte** alles **gelernt**.
- **Vergangenheit** (Präteritum, schriftlich): Früher **lernte** er gern.
  (Perfekt, mündlich): Er **hat** früher gern **gelernt**.
- **Gegenwart** (Präsens): Heute **lernt** er nur, was ihn interessiert.
- **Zukunft** (Präsens): Die Vokabeln **lernt** er morgen.
  Futur 1: Doch, morgen **wird** er die Vokabeln **lernen**.
  Futur 2: Übermorgen **wird** er sie **gelernt haben**.

1 Unterstreiche Verbformen im Präsens rot, Verbformen im Perfekt grün,
Verbformen im Präteritum blau.

Mein erster Schultag

CHINA. Es war ein ganz besonderer Tag für Ma Xiuxian – und für den Rest
ihrer Schulklasse an der Grundschule von Jinan in China wohl auch: Ende
März wurde Xiuxian eingeschult – dabei ist sie schon 102 Jahre alt. Als sie
noch ein Kind war, konnte sie nie zur Schule gehen. Mit 13 musste sie schon
5 in einer Baumwollfabrik arbeiten, mit 18 heiraten. Sie bekam neun Kinder,
sieben davon gingen später zur Universität. Nur sie selbst hatte nie die
Gelegenheit, richtig lesen und schreiben zu lernen. Doch genau das sei ihr
größter Wunsch, erzählte sie vor kurzem einer chinesischen Zeitung. Als der
Direktor der Grundschule das las, lud er sie ein, in die neue erste Klasse zu
10 kommen. Die anderen Kinder applaudierten, als sie den Klassenraum betrat.
Mit ihren 102 Jahren kann sie nicht mehr so gut sehen, für ihre Schulbücher
benötigt sie eine Lupe. Und mit ihr schwatzen kann man auch nur, wenn Ma
Xiuxian ihr Hörgerät eingeschaltet hat.

2 Ergänze die Tabelle.

Präsens	Präteritum	Perfekt
ist/sind		
		hat/haben gehabt
muss/müssen		
geht/gehen		
betritt/betreten		
		hat/haben gelesen

Aktiv und Passiv verwenden

1 Ein Einbruch wurde gemeldet und die Polizei untersucht den Tatort. Beschreibe das Zimmer für das Protokoll im Passiv. Verwende dabei folgende Verben: werfen, zerbrechen, durchsuchen, entwenden, stehlen, zerreißen.

Die Fensterscheibe wurde zerbrochen.

_____

_____

_____

_____

2 Die Beamten suchen Motive und rekonstruieren den möglichen Tathergang. Schreibe im Aktiv.

Die Täter haben ...

_____

_____

_____

_____

Konjunktiv I und II

1 Mit dem Wunsch, lesen und schreiben zu lernen, verbanden sich für Ma Xiuxian im Laufe ihres Lebens viele Träume. Unterstreiche die Verben im Konjunktiv II und schreibe den Wunsch im Infinitiv auf.

läse ich viele Bücher und jeden Tag die Zeitung.
Mein Wunsch: *viele Bücher und die Zeitung lesen*

> Wenn ich lesen könnte,

würde ich den Kindern bei den Hausaufgaben helfen.
Mein Wunsch: _____

verstünde ich die unterschriebenen Verträge.
Mein Wunsch: _____

übte ich einen gutbezahlten Beruf aus.
Mein Wunsch: _____

säße ich beim Arbeiten in einem schönen Büro.
Mein Wunsch: _____

2 Schreibe folgende Wünsche im Konjunktiv II auf.

> den Kindern Nachrichten schreiben

> eine schriftliche Bestellung aufgeben

> meiner Schwester einen Brief schicken

> einen Film im Programm aussuchen

> mich schriftlich beschweren

> anderen Neuigkeiten aus der Zeitung erzählen

_____

_____

_____

_____

_____

Teste dich selbst!

Wortarten: Nomen und Pronomen

/4 **1** Überarbeite den Text und verwende dazu Personal- und Possessivpronomen.

Ina hat einen Bruder. Der Bruder heißt Tom. Sie muss auf den Bruder aufpassen. Der Bruder spielt gerne mit dem Ball. Der Ball gehört ihm. Tom wirft den Ball. Ina soll den Ball fangen. Aber Ina fängt den Ball nicht. Der Ball landet im Wohnzimmer. „Tor", ruft Tom und lacht. Zum Glück war das Fenster auf.

_____

_____

_____

/10 **2** Ergänze den Text, indem du passende Pronomen einsetzt.

Jugend forscht!

Nachwuchsforscher präsentieren _____ Erfolge auf großen Messen:

Frederik Ebert (17) aus München stellt auf der Hannover Messe _____

körperunterstützendes Roboteraußenskelett vor. Mit Hilfe _____

innovativen Systems können Menschen bei schweren Arbeiten entlastet und bei

Behinderungen unterstützt werden. Frederik hat einen Roboterarm mit einer

mobilen Plattform entwickelt, in die sich der Nutzer hineinstellt. Durch den

Roboter wird _____ beim Heben und Bewegen von Lasten unterstützt.

Eine Sensorik erkennt _____ Bewegungswünsche und leitet _____

an einen Computer weiter, _____ steuert die Motoren des Roboterarms

entsprechend. Timo Joos (18) und Nadine Müller (19) aus Waiblingen zeigen auf

der CeBIT _____ intelligente Anhängerkupplung, die das Rückwärts-

fahren mit einem Anhänger erleichtert. Bisher ließ sich _____ nur

indirekt über die Bewegung des Fahrzeugs lenken und verhielt sich häufig anders

als erwartet. Die Zusatzlenkung der Jungforscher löst _____ Problem.

Rund ums Verb

3 a) Ersetze die Relativsätze durch Partizipien.

Im Café

Der Mann am linken Tisch, der schreibt, ist ein bekannter Schriftsteller.

_____

Das Buch, das sie gelesen hat, legt die Frau auf den Stuhl.

_____

Der Mann, der die Zeitung liest, sitzt hier jeden Tag.

_____

Das Kind, das lacht, bekommt ein Eis.

_____

Die Bedienung, die das Eis serviert, trägt die Haare hochgesteckt.

_____

Sie bringt auch einen Kuchen, der mit Kiwis belegt ist.

_____

b) Unterstreiche das Partizip Präsens.

4 Ordne die Verben im folgenden Text der entsprechenden Zeitform nach ein.

„Und, wo ist dein Zeugnis?" Das war die erste Frage meiner Mutter, als ich nach Hause kam. Aber ich war selbst schuld. Letztes Jahr hatte ich es ihr drei Tage lang verschwiegen. Keine gute Idee, das weiß ich heute. Es gibt immer andere Schüler, die auch Mütter haben, und einige davon scheint auch meine Mutter zu kennen. „Ihr habt doch heute die Zeugnisse bekommen, oder?" „Ja, hier. Ich habe mich echt angestrengt." „Ich will einfach, dass du einen guten Beruf lernst. Da verlangen die Leute überall auch gute Zeugnisse, glaub' mir."

Plusquamperfekt	Präteritum	Perfekt	Präsens

Nachdenken über Sprache: Wortarten

/ 3

5 Unterstreiche die Passivsätze im folgenden Text.

Die Letzten ihrer Art

Heute ist der Mensch der größte Artenvernichter […]
Einst lebten drei bis fünf Milliarden Wandertauben in den USA. Wenn sich
die Tiere für den Zug nach Süden sammelten, verdunkelte sich tagelang die
Sonne, heißt es in den Berichten von damals. Doch die Wälder, in denen die
Vögel lebten, wurden abgeholzt. Millionen Tauben wurden abgeschossen.
Seit knapp hundert Jahren ist der schlanke, anmutige Vogel ausgerottet.

/ 5

6 Setze die folgenden Sätze ins Passiv.

Biologen fanden 2006 keinen Flussdelfin mehr im Jangtse. (Fluss in China)

_____

Die Siedler auf Mauritius grillten den Dodo, einen Vogel, der nicht fliegen kann.

_____

Japanische und norwegische Fischer töten Wale und Delfine in großer Zahl.

_____

Forscher entdecken auch neue Tierarten.

_____

Forscher am Mekong sichteten den Truong-Son-Muntjak. Das ist eine Hirschart,
die bellt wie ein Hund.

_____

/ 6

7 Was wäre wenn …? Schreibe zu jeder Überlegung zwei Sätze.

1   … wenn du ein Jahr in Tokio lebtest?

_____

_____

2   … wenn deine Freunde dir einen Streich spielten?

_____

_____

3   … wenn du dich in eine Ameise verwandeltest?

_____

Gesamt:

/ 54

_____

Satzglieder

Süß, süßer, Stevia

Das unscheinbare Kraut namens Stevia, von dem es über hundert verschiedene Arten gibt, wächst im subtropischen Klima und wurde in Paraguay, wo es von den Guarani-Indianern schon lange zum Süßen ihres
5 Mate-Tees verwendet wird, entdeckt.
Das Extrakt, das aus den Blättern der Pflanze gewonnen wird, heißt Steviol-Glykosid und ist als Süßstoff verwendbar. Es ist 300-mal süßer als der sonst verwendete Haushaltszucker, der aus Zuckerrohr oder
10 Zuckerrüben hergestellt wird. Der Süßstoff, der in der Europäischen Union noch nicht zugelassen ist, eignet sich für viele Produkte, da er kalorienfrei, zahnschonend und hitzebeständig ist. Die widerstandsfähige Pflanze würde in den deutschen Weinanbaugebieten gut wachsen. Auch wenn die Pflanze bei Frost abstirbt, können die süßen
15 Blätter von Mai bis Oktober dreimal geerntet werden und somit beispielsweise den ehemaligen Tabakbauern im Süden des Landes ein Einkommen sichern.

1 Lies den Text aufmerksam. Im letzten Abschnitt sind viele adverbiale Bestimmungen des Ortes und der Zeit. Schreibe die Fragen nach diesen Satzgliedern auf und die Antworten dazu.

TIPP

Wo? Wann?
Wie oft? Wie lange?

_____

_____

_____

2 Unterstreiche im mittleren Abschnitt die Relativsätze und ersetze sie durch Partizipien. Schreibe die neuen Sätze hier auf.

_____

_____

_____

3 a) Der erste Abschnitt besteht nur aus einem Satz. Schreibe den Abschnitt neu und verwende mindestens drei Sätze.

_____

_____

b) Vergleiche die beiden Versionen. Enthalten sie dieselben Informationen? Welche Version ist lesbarer? Schreibe deine Erkenntnisse auf.

_____

_____

4 a) In diesem Abschnitt findest du Satzgefüge. Unterstreiche sie grün.

1 Während die Weltgesundheitsorganisation (WHO) 2008 die Sicherheit von Stevia-Süßstoffen festgestellt hat, wird in der EU noch um die Zulassung gekämpft.

2 In Japan und in vielen anderen Ländern in Asien ist der natürliche Süßstoff bereits in vielen Lebensmitteln wie Joghurt, Eiscreme oder Limonaden enthalten, und auch in den USA kann man Stevia-Produkte ohne Probleme erwerben. In all diesen Ländern bezweifelt niemand mehr, dass der Stoff für den menschlichen Verzehr geeignet ist und seine Vorteile für eine gesunde Ernährung genutzt werden können. Auch die südamerikanischen Ureinwohner verwenden die Pflanze seit langer Zeit.

b) Unterstreiche die Satzreihen im folgenden Abschnitt rot.

3 Die großen Lebensmittelkonzerne interessieren sich sehr für den neuen Stoff mit den positiven Eigenschaften und sie denken über die vielfältigen Einsatzmöglichkeiten nach. Es gibt beispielsweise bereits Schweizer Schokolade mit Stevia-Süße. An deutschen Universitäten wird fleißig geforscht, damit wir mehr über den Anbau und die Behandlung der Pflanzen wissen.

c) Ermittle durch passende Fragen vier Präpositionalobjekte.

Frage	Präpositionalobjekt

5 Kürze die Abschnitte zwei und drei so, dass das im ersten Abschnitt angesprochene Thema deutlich bleibt. Schreibe in dein Heft.

Teste dich selbst!

Satzglieder

Zucker macht süchtig!

Ein Experiment mit Ratten zeigt die Suchtwirkung von Zucker. Das Experiment führten Neurowissenschaftler* der *Princeton University* im US-Bundesstaat New Jersey durch.

1 Bestimme die Satzglieder der beiden Sätze oben. Schreibe in dein Heft.

2 Verbinde die Sätze zu einer verständlichen Versuchsbeschreibung, indem du passende Konjunktionen wählst. Schreibe in dein Heft.

Der Versuch: Die Testratten erhielten kein Frühstück. Sie entwickelten Heißhunger.

Die Forscher stellten Futter und Zuckerwasser bereit. Die Tiere stürzten sich auf das Zuckerwasser.

3 a) Ermittle die adverbialen Bestimmungen der Zeit und des Ortes im folgenden Text und unterstreiche sie grün.

b) Welche kann man streichen, ohne dass Informationen verloren gehen? Streiche diese adverbialen Bestimmungen durch.

Die Wissenschaftler beobachteten Veränderungen, wie man sie von Süchtigen kennt:

Zunächst ließ der Zucker den Dopaminspiegel* in bestimmten Hirnbereichen – vor allem im Belohnungszentrum – stark ansteigen, sodass die Ratten sich nach dem Essen wohlfühlten. Doch mit der Zeit gewöhnten sie sich daran und ihr Gehirn verringerte die Anzahl der Andockstellen für den
5 Botenstoff*. Beim nächsten Mal brauchten die Tiere mehr Zucker, um sich wohlzufühlen.

4 Der folgende Textabschnitt ist zu lang. Kürze überflüssige Informationen und schreibe eine leserfreundlichere und informative Version in dein Heft.

Mit der Zeit wurden die Ratten vom Zucker abhängig. Wenn sie keinen Zucker bekamen, setzten sie alles daran, ihr Verlangen anders zu stillen: Sie tranken mehr Alkohol und reagierten sehr empfindlich auf Aufputschmittel.
10 Die Wissenschaftler, die diese Experimente durchführten und auswerteten, deuten dies als Hinweis darauf, dass sich die Hirnfunktionen der Tiere durch dieses Experiment dauerhaft verändert haben. Hinzu kommt, dass die Ratten, die eigentlich für ihre Neugier bekannt sind, sich in der abstinenten* Zeit, also in der Zeit ohne Zucker, zu richtigen Angsthasen entwickelten: Sie
15 klapperten mit den Zähnen und trauten sich kaum noch aus dem überdachten Bereich ihrer Käfige heraus.

Neurowissenschaftler: Forscher, die sich mit dem Aufbau und der Funktionsweise der Nerven beschäftigen

/ 5

/ 2

/ 4

Dopamin: ein körpereigenes Hormon, das auch als „Glückshormon" bezeichnet wird
Botenstoff: Bezeichnung für chem. Stoffe, die Informationen übertragen

/ 4

abstinent: enthaltsam

Gesamt:
/ 15

Fremdwörter verstehen und richtig schreiben

Fremdwörter richtig schreiben

- Fremdwörter sind Wörter, die **aus anderen Sprachen übernommen** wurden.
- Viele Fremdwörter haben **typische Präfixe und Suffixe**, z.B.:
  exklusiv – Transplantation – Rekord

TIPP

Lerne die Schreibung der Fremdwörter, die du oft verwendest, auswendig.

TIPP

Verwende grundsätzlich nur Fremdwörter, deren Bedeutung du kennst.

1 Lies folgenden Text, in welchem Jakob seinen Freunden über seine Erlebnisse in den Winterferien erzählt, und ergänze die Lücken.

Bei uns lag in diesem Winter so viel Schnee, dass wir diesmal auch zu Hause

super _____ fahren konnten. Da ziemlich viele mit ihrem Board

den Hang heruntersausten, beschlossen wir einen _____

_____ zu veranstalten. Es war spannend wie in

einem _____ ! Da jeder den ersten _____ zeigen und

Jannik wie immer ziemlich _____ sein wollte, kam es zum

_____ mit Tom. Wir mussten den Arzt holen. Der _____

Snowboarder war Jonas – der bekam das _____

„Snowboard-_____ Nr.1". Unsere _____ jubelte und

gab Jonas ein positives _____ . Sogar ein _____ der

örtlichen Zeitung _____ sich für ihn.

Journalist	*Snowboard*	*internen*	*Feedback*	*Thriller*
interessierte	*Champion*	*Crash*	*Clique*	*cool*
Ollie	*Pseudonym*	*Snowboard-Cup*	*coolste*	

INFO

Die Herkunft eines Fremdwortes erkennt man oft an dessen Aussprache und Schreibung.

2 a) Schreibe die Fremdwörter aus dem Text heraus in dein Heft und ordne sie in eine Tabelle nach deren Herkunft:
englisch – französisch – griechisch.

b) Schreibe hinter jedes Fremdwort dessen Bedeutung und schlage diese, wenn nötig, im Wörterbuch nach.

Fremdwort	Sprache	Bedeutung

3 Setze die Wörter richtig zusammen. Achte auf die Großschreibung und den Artikel bei Nomen. Schreibe in dein Heft.

As		orisch	e	
Stro		alt	äre	
Di	Atmos	thong		
Katastro	eu	e er	äre	
Meta		änomen		

ph

4 a) Bei diesen Fremdwörtern sind die Wortbausteine durcheinandergeraten. Ordne sie wieder. Schreibe das Fremdwort mit Artikel richtig daneben.

th – oskop – ste _____   ematik – th – ma _____

pan – er – th _____   a – let – th _____

th – disko – ek _____   mus – rhy – th _____

th – syn – etisch _____   ografie – th – or _____

th – biblio – ek _____   eke – th _____

b) Decke die Fremdwörter ab. Versuche jedes Wort auswendig richtig ins Heft zu schreiben.

5 Setze die fehlenden Buchstaben richtig ein: *t/th, tz/zz, f/ph, g/gh.* Schreibe die Fremdwörter in dein Heft.

Biblio____ek Blama____e Af____ane As____alt Eu____orie

Zo____en Diri____ent Bli____ard Pi____a Matra____e

Repor____age Par____ei Pala____o Mo____or

INFO

Häufig gebrauchte Fremdwörter des Alltags wurden der deutschen Schreibweise angeglichen.
phon – fon
phot – fot
graph – graf
Beispiel:
Graphik – Grafik
Ausnahmen:
Phänomen, Metapher, Sphäre sollen weiterhin in dieser Schreibweise geschrieben werden.

Richtig schreiben: Fremdwörter

Teste dich selbst!

Fremdwörter

/ 14

1 a) Kläre die Bedeutung der Wörter. Markiere Buchstabenverbindungen, die für das Deutsche untypisch sind.

Champion	Champignon	Kompott	Komplott
Coach	Couch	Parkett	Baguette
Etikett	Etikette	Sympathie	Sinfonie
Intuition	Institution		

b) Was fällt dir auf bei den Wortpaaren?

/ 5

2 Schreibe die Fremdwörter richtig auf.

Achtung Fehler!

Klaster	Egzamen	Seizmograf	Pomm frit	Saund

_____

_____

/ 12

3 Setze den richtigen Buchstaben ein: äu / eu? e / ä?

das Schiff ant____en   die Wahrheit bet____ern   ein t____res Vergnügen

das pl____rende Baby   die rausgeh____ngte Fischr____se

die bekanntesten Schiffsh____fen   die sich n____ckenden Fr____nde

das gr____ssliche Erlebnis   die th____matische Vorst____llung

/ 7

4 Ergänze bei den Wörtern das fehlende Suffix -ie.

Schreibe zu jedem Nomen das richtige Verb auf.

Amnest*ie*   *amnestieren*   Havar____   _____

Iron____   _____   Theor____   _____

Philosoph____   _____   Mikroskop____   _____

Fotokop____   _____   Allegor____   _____

Gesamt:

/ 38

Verbindungen aus Nomen und Verb

> **Verbindungen aus Nomen und Verb richtig schreiben**
>
> - **Feste Verbindungen** aus **Nomen und Verb** schreibt man meist **getrennt**, z.B.:
>   *Ski fahren, Eis laufen, Mut zeigen*
> - Werden Verbindungen aus Nomen und Verb **nominalisiert**, muss man sie
>   **zusammen- und großschreiben**, z.B.:
>   *Beim Eislaufen zeigte er uns eine gekonnte Pirouette.*

INFO

Folgende Verben
werden zusammen-
geschrieben, weil
die Bedeutung des
Nomens nicht mehr
so wichtig ist:
kopfstehen,
teilhaben,
maßnehmen,
schlussfolgern.

1 Schreibe mit Hilfe der Wörter im Kasten Verbindungen aus Nomen und Verb auf.

Fahrrad	spielen
Fußball	haben
Angst	fahren
Tennis	schließen
Freundschaft	trainieren
Rede	**treffen**
Recht	sprechen
Entscheidung	halten

Entscheidung treffen, _____

_____

_____

_____

_____

2 Die folgenden Aussagen enthalten Nomen-Verb-Verbindungen.
Schreibe diese so um, dass sie nominalisiert werden. Schreibe in dein Heft.

Tanja: „Wenn wir im Skiurlaub sind, werden wir oft Ski laufen."
Tom: „Man sollte vor der Nachtwanderung durch den Wald keine Angst haben."
Jana: „Abends könnte ich mit Tina etwas Gitarre spielen."
Timo: „Wir werden auf jeden Fall Spiele spielen, an denen alle Spaß haben."
Frau Hagen: „In eurer Freizeit könnt ihr Musik hören, schwimmen gehen oder
Sport treiben."

TIPP

Setze vor das
Nomen einen
Artikel, ein Adjektiv
(schön, gut,
angenehm) oder
eine Präposition
(auf, beim, zum).
Beispiel:
Ski laufen – beim
Skilaufen

3 Zusammen oder getrennt? Ergänze die eingeklammerten Wörter in der richtigen
Schreibweise.

Frau Meier hofft, in der neuen Firma _____ (Fuß/fassen)

zu können. Das ewige _____ (Angst/haben) bringt dich

auch nicht voran. Das _____ (Snowboard/fahren) hat

Till im Skiurlaub gelernt. Peter zeigte in der Pause allen, wie toll er

_____ (Kopf/stehen) kann. Vor der Mofaprüfung brauchst

du doch keine _____ (Angst/haben).

Verbindungen mit einem Verb

Verbindungen aus Verb und Verb

- Verbindungen aus **Verb und Verb werden getrennt geschrieben**, z.B.:
  einkaufen gehen, laufen lernen, schreiben üben
- Werden sie **nominalisiert**, musst du sie zusammen- und großschreiben, z.B.:
  Das Laufenlernen machte der kleinen Lucy viel Spaß.

Verbindungen aus Adjektiv und Verb

- Verbindungen aus einem **Verb** und einem **vorangestellten Adjektiv** werden meist **getrennt geschrieben**.
- Verbindungen aus einem **Verb** und einem **vorangestellten Adjektiv** werden **zusammengeschrieben**, wenn bei dieser Verbindung eine neue Bedeutung entsteht, z.B.:
  etwas richtigstellen, schwerfallen, sich sattessen

1 Bilde aus folgenden Verben Verbindungen, z.B.: kochen lernen.

> spielen   bleiben   starten   trainieren   können   kennen
>
> musizieren   sitzen   lassen   lernen   üben   schwimmen

_____

_____

_____

_____

_____

2 Bilde aus folgenden Verbindungen Sätze. Ordne diese in eine Tabelle ein:

getrennt geschrieben	zusammengeschrieben

> schwarzsehen   schwarz sehen   sichergehen   sicher gehen
>
> fett drucken   fettdrucken   kaputt machen   kaputtmachen
>
> schwer fallen   schwerfallen

Verbindungen mit *sein*

1 Bilde aus den folgenden Wörtern Verbindungen mit *sein* und setze sie in die Lücken.

> *beweglich – gelenkig – intelligent – gesprächig – sportlich – freundlich – dabei*

Was RoboTOR Bruno alles so kann

Jeder Fan von Robotern und Fußball möchte mal bei der Robo Cup Soccer,

der Weltmeisterschaft im Roboter-Fußball, *dabei sein* . Bruno, das ist der

Stürmerstar der Darmstadt Dribblers. So ein RoboTOR muss sehr _____

_____ , denn er kann den Kopf drehen und über die Schulter schauen. Durch

das Verhaltensprogramm, welches auf dem Haupt-PC am Roboterrücken

befestigt ist, kann dieser _____ . Bruno sollte _____ ,

denn über WLAN spricht er mit seinen Teamkollegen. So ein RoboTOR sollte

auch extrem _____ , er muss in einer Sekunde 40 cm weit

rennen. Seine Beine müssen _____ , damit er Tore schießen

kann. Selbstverständlich sollte so ein Stürmerstar auch _____

und mit seinen flexiblen Armen den Fans zuwinken.

2 Fasse wichtige Informationen zum RoboTOR Bruno zusammen. Schreibe fünf passende Sätze auf und verwende hierfür nominalisierte Verbindungen mit *sein*.

Für einen echten RoboTOR-Fan ist das Dabeisein beim Robo Cup Soccer alles.

_____

_____

_____

Teste dich selbst!

Getrennt oder zusammen?

/ 6

1 Getrennt oder zusammen? Streiche die falsche Schreibweise durch.

René Adler, Manuel Neuer und Tim Wiese sind außergewöhnlich gute Torwarte, welche die meisten Bälle halten können / haltenkönnen. Doch wer wirklich zur WM das deutsche Tor hüten sollte /
5 hütensollte, wird nicht nur an Stammtischen diskutiert. Ganz offiziell werden Statistiken bemüht / Statistikenbemüht und Fehler analysiert / Fehleranalysiert. Doch auch in der Bundesliga wurde die Unantastbarkeit
10 des Torhüters fast voll ständig / vollständig abgeschafft. Wichtig für alle drei: Ein Torhüter sollte kerngesund sein / kerngesundsein, siehe Manuel Neuer.

/ 6

2 a) Bilde Verbindungen mit einem passenden Verb. Schreibe sie auf.

> *Rad – Ballett – Inliner – Musik – Mathe – Ferien*

/ 6

b) Schreibe die Verbindungen als Nominalisierungen auf. Bilde passende Sätze.

/ 4

3 Bilde Nominalisierungen und verwende sie in ganzen Sätzen.

> *fertig sein   Ferien haben   sitzenbleiben   Baden gehen*

_____

_____

/ 4

4 Liese die Sätze aufmerksam. Streiche die falsche Schreibweise durch.

Tim ist schlecht gelaunt / schlechtgelaunt aus dem Urlaub zurückgekehrt.

Katja meint, dass es ihr seit gestern schlecht gehen / schlechtgehen würde.

Gewiss wird alles wieder gut werden / gutwerden.

Wir haben im Garten einen schwarz köpfigen / schwarzköpfigen Singvogel gesehen.

Gesamt:

/ 26

Nomen und Nominalisierungen

> **❗ Nomen**
>
> - Nomen schreibt man **groß**.
>   Man erkennt Nomen an:
>   – **Suffixen**: -ung, -keit, -heit, -nis, -tum.
>   – an dem **Begleiter**: **das** Ereignis, **die** Pferde, **das** Sportfest.
> - Auch Verben können zu Nomen werden. Das nennt man Nominalisierung.
>   Dazu wird ein Artikel vor das Verb gesetzt, z. B.:
>   ***Das Wandern*** *ist des Müllers Lust.*

1 Schreibe aus dem Text alle Nomen mit ihrem Begleiter heraus.

Das teuerste Rennpferd

Kaum surren die Kameras, da wirft sich das Springpferd in Pose: Brust raus, Hals hoch und ab geht's zur Ehrenrunde im schwungvollsten Galopp. Diese Stute kennzeichnet ein eiserner Siegeswille. Ihr Reiter heißt Gilbert Böckmann. Er ist mit der Stute namens „No father's Girl" Favorit im Rennen aller Rennen: die Munich Classics in München. Diese Luxusstute schafft auch unter enormem Druck ein fehlerfreies Rennen.

das teuerste Rennpferd

_____

_____

_____

_____

_____

2 a) Bilde aus den Adjektiven, Verben und den Suffixen *-heit, -keit, -ling, -nis, -schaft, -tum, -ung* Nomen.

sicher	*wichtig*	*munter*	*schön*	*ärgern*
achten	*wachsen*	*eignen*	*bemühen*	*faulen*
ergeben	*hindern*	*lustig*	*einsam*	*traurig*
freundlich	*gefangen*	*heiter*	*grausam*	*trennen*

b) Bilde Sätze mit nominalisierten Verben. Schreibe in dein Heft.
z. B.: *Dem neuen Rasen kann man beim Wachsen zuschauen.*

Groß- und Kleinschreibung in festen Wendungen

Großschreibung in festen Wendungen

- **Feste Wendungen** werden **meist großgeschrieben**, z. B.:
  in Bezug auf, in Frage stellen, im Wesentlichen, im Grunde
- Adjektive in **festen Wortverbindungen** schreibt man groß, z. B.:
  im Folgenden, im Nachhinein, des Näheren, nicht das Übliche
- Die **Superlativ-Form** wird **stets kleingeschrieben**, z. B.:
  Ich sehe dich am liebsten jeden Tag wieder.

1 Unterstreiche die festen Wendungen. Schreibe den Text in der richtigen Groß- und Kleinschreibung in dein Heft.

ÜBER NEUSEELANDS ZAUBER

IM ALLGEMEINEN HÖRT MAN ÜBER NEUSEELAND NUR DAS BESTE. VOM
EIGENARTIGEN ZAUBER DIESER ATEMBERAUBENDEN LANDSCHAFT WIRD IM
WESENTLICHEN JEDER BESUCHER IN SEINEN BANN GESCHLAGEN. DAS
ÜPPIGE GRÜN DIESER SUBTROPISCHEN, MENSCHENLEEREN LANDSCHAFT
5 BILDET IM GROSSEN UND GANZEN EINEN KONTRAST ZU DEN TÜRKIS SCHIM-
MERNDEN MEERESBUCHTEN. BESONDERS EINDRUCKSVOLL SIND AUCH DIE
BIZARREN FELSFORMATIONEN, WELCHE SICH OBERHALB DES MEERES
ERHEBEN. DAS BESTE AN NEUSEELAND IST DIE 15134 KILOMETER LANGE
KÜSTE: SO WIRD DER STRAND ZUM NEUSEELÄNDISCHEN LEBENSGEFÜHL
10 UND LÄSST NICHT DAS GERINGSTE GEFÜHL VON LANGEWEILE AUFKOMMEN:
SCHWIMMEN, BOOT FAHREN ODER EINFACH NUR EIN SONNENBAD
GEHÖREN HIER ZUM ALLTAG.

2 Bilde mit folgenden Wendungen Sätze und schreibe sie in dein Heft.
Achte auf die richtige Schreibung.

AUF DEM TROCKENEN SITZEN   DEN KÜRZEREN ZIEHEN   IM ÜBRIGEN

IM WESENTLICHEN   DAS HIER UND JETZT   IM GERINGSTEN

IM DUNKELN TAPPEN   IM FOLGENDEN   IM TRÜBEN FISCHEN

ALLES WEITERE

Zeitangaben schreiben

1 Entscheide, ob die Zeitangaben im Text groß- oder kleingeschrieben werden.
Schreibe den Text in dein Heft.

UNSERE REISE NACH ÄGYPTEN

AM SONNTAGABEND GING ES LOS. WIR FUHREN MIT

DEM AUTO ZUM KÖLNER FLUGHAFEN, UM INS

WARME ÄGYPTEN ZU FLIEGEN. KAUM VORSTELLBAR,

DASS WIR MONTAGNACHMITTAGS SCHON AM

5 STRAND LIEGEN WÜRDEN! GEGEN 5 UHR MORGENS

SIND WIR IN HURGHADA GELANDET. ETWAS

MÜDE, ABER TOTAL ÜBERWÄLTIGT VON DER

LANDSCHAFT UND DEM HOTEL TRAFEN WIR

UNS UM 12:00 UHR MITTAGS IM RESTAURANT.

10 NACHDEM WIR DAS ERSTE MAL IM TÜRKIS-

BLAUEN MEER GEBADET HATTEN, SONNTEN WIR

UNS BIS ZUM SPÄTEN NACHMITTAG. FÜR

MONTAGABEND PLANTEN WIR EINE STRANDWAN-

DERUNG EIN. BEI WEISSEM, WEICHEM SAND UND DEM KRISTALLKLAREN

15 WASSER FÜHLTEN WIR UNS WIE IN EINEM MÄRCHEN.

Achtung Fehler!

2 Beschreibe den Ablauf eines typischen Wochenendes in deinem Leben.
Schreibe in dein Heft.
*Freitags darf ich immer länger aufbleiben, denn samstags kann ich
ausschlafen. Am Samstag frühstücken wir alle zusammen.*

Die Welt der Zahlen

Zahlen richtig schreiben

Zahlen werden als **Zahlwörter kleingeschrieben**.
- **Kardinalzahlen**, z. B.: *eins, zwei, drei*
- **Ordnungszahlen**, z. B.: *erstens, zweitens, drittens*
- **unbestimmte Zahlwörter**, z. B.: *manches, wenig, viel, alles*

Ordnungszahlen, die **Nomen** sind, werden **großgeschrieben**.
Achte auf **Signalwörter**/Begleiter:
- **versteckter Artikel**, z. B.: *Mein Opa feierte seinen Achtzigsten.*
- **Pronomen**, z. B.: *sein Achtzigster, jedes Erste*
- **Präpositionen**, z. B.: *am Ersten des Monats*

1 Unterstreiche die richtige Schreibweise der Zahlwörter. Markiere Signalwörter.

Reinhold Messner und die Alpen

Mein Vater war Dorfschullehrer und züchtete nebenbei Kaninchen und Hühner, um uns neun / Neun Kinder großzuziehen. Er hat mich im Alter von fünf / Fünf Jahren auf den höchsten Gipfel der Geislerspitze mitgenommen. Der Suss Rigais ist 3027 m hoch und war mein erster / Erster dreitausender / Dreitausender. Die Alpen zählen zu meinen Favoriten, die unvergleichliche Naturschönheiten aufweisen.
Immerhin zieht sich der Alpenbogen über acht / Acht Länder. In den Alpen leben zwölf / Zwölf millionen / Millionen Menschen. Mehr als hundert / Hundert Millionen Menschen kommen jedes Jahr als Besucher dazu.

INFO

Es gibt Zahlwörter, die sowohl groß- als auch kleinegeschrieben werden können:
ein viertel Kilogramm → ein Viertelkilogramm
ein zehntel Milimeter → ein Zehntelmillimeter

2 Schreibe die Sätze in der richtigen Schreibung ab.

IN DEN TEIG GEHÖREN VIER ACHTEL LITER SAHNE.

DER LÄUFER WAR DREI HUNDERTSTEL SEKUNDEN SCHNELLER ALS ICH.

MAN NEHME DREI ACHTELLITER WASSER UND ZWEI ESSLÖFFEL ZUCKER.

DER HAMSTER WIEGT BEREITS EIN VIERTEL KILOGRAMM.

MIT DREI HUNDERTSTELSEKUNDEN VORSPRUNG ERREICHTE DAS RENNPFERD

DAS ZIEL.

_____

_____

_____

_____

_____

Eigennamen, Straßennamen und feste Verbindungen

1 **a)** Unterstreiche die Eigennamen.

b) Schreibe die Eigennamen in der richtigen Schreibweise in dein Heft.

WIR LESEN IM DEUTSCHUNTERRICHT GEDICHTE VON FRIEDRICH SCHILLER.

EINE FREUNDIN WOHNT IN BERLIN IN DER STRASSE UNTER DEN LINDEN.

TORRES FREUND BESUCHTE VOR KURZEM DIE CHINESISCHE MAUER.

WIR STAUNTEN ÜBER DIE GRÖSSE DER BLAUEN GROTTE IN KROATIEN.

UWE IST FÜR DIE ELEKTRIK BEIM DEUTSCHEN BUNDESTAG ZUSTÄNDIG.

IN DEN SOMMERFERIEN VERREISEN WIR AN DEN ATLANTISCHEN OZEAN.

DAS ALTE TESTAMENT LIEST SICH WIE EINE SPANNENDE GESCHICHTE.

2 Groß oder klein? Trage in den folgenden Sätzen die fehlenden Buchstaben ein.

Der _____ erliner Fernsehturm befindet sich auf dem _____ lexanderplatz.

Am liebsten esse ich _____ talienische Pasta.

Der _____ ölner Dom ist eines der größten Bauwerke des Mittelalters.

Der _____ reißigjährige Krieg endete mit dem _____ estfälischen Frieden.

Wenn sich der Spieler nicht an die Regeln hält, zeigt man ihm die _____ ote Karte.

Wir können uns am _____ chwarzen Brett informieren, wann die Veranstaltung beginnt.

Meine Eltern feiern _____ ilberne Hochzeit.

Teste dich selbst!

Groß oder klein?

/10

1 a) Suche in dem Wortsalat zehn Nomen. Schreibe diese mit dem richtigen Artikel heraus.

MUTTORMAUSRAUSWEGERGEBNIS

KLÄRENISTBOOTANSONNEFÜRZELLE

LAUFENBLATTSPIEGELNDURCHWOLKE

_____

_____

b) Bilde zu jedem Nomen die entsprechende Pluralform.

die Haut – die Häute

_____

/16

2 Schreibe den folgenden Text in der richtigen Groß- und Kleinschreibung ab. Er enthält 16 Nomen/Nominalisierungen.

UNSERE WÜSTENFAHRT

IN DER WÜSTE KANN MAN EINIGE ÜBERRASCHUNGEN ERLEBEN. AUF EINER UNSERER WÜSTENTOUREN HABEN WIR EINMAL EINE SEHR UNANGENEHME ÜBERRASCHUNG ERLEBT.

KURZ VOR UNSEREM ZIEL WAR PLÖTZLICH DIE GUT AUSGEBAUTE UND BEFESTIGTE STRASSE UNTER EINER METERHOHEN DÜNE VERSCHWUNDEN. WIR WOLLTEN DAS HINDERNIS UMFAHREN, BLIEBEN ABER TROTZ UNSERES ALLRADANTRIEBES IM SAND STECKEN.

ALLE MUSSTEN ZUR SCHAUFEL GREIFEN UND HOLZBRETTER UNTER ALLE VIER RÄDER LEGEN. DAS FLOTTMACHEN HAT FUNKTIONIERT. UNSERE TOUR KONNTE UNGEHINDERT WEITERGEHEN.

_____

_____

_____

Gesamt:

/26

Satzreihen und Satzgefüge

Satzreihen oder Satzgefüge

Satzreihe:

- Werden **zwei Hauptsätze** durch **und** oder **oder verbunden**, muss kein Komma stehen, z. B.:
  In den Tiefen unserer Meere gibt es noch nicht entdeckte Tiere und es existieren auch viele unentdeckte Pflanzenarten.
- Werden die Hauptsätze durch eine **nebenordnende Konjunktion** verknüpft, steht ein Komma, z. B.:
  Viele Tier- und Pflanzenarten unserer Meere sind noch nicht erforscht, deshalb stehen die Meeresbiologen vor einer großen Herausforderung.

Satzgefüge:

- Werden **Hauptsätze** mit **Nebensätzen** verbunden, so setzt man **vor dem Nebensatz ein Komma**, z. B.:
  Die Laternenfische können Licht erzeugen, sodass sie sich ihrer Umgebung anpassen können.
- Wird der **Nebensatz vorangestellt**, steht das **Komma zwischen den zwei Verben**, z. B.:
  Da die Scharlachgarnele Wolken aus leuchtendem Sekret ausschießt, blendet sie so ihre Feinde.

INFO
Satzreihe:
Zwei oder mehr
Hauptsätze werden
verknüpft.

INFO
Satzgefüge:
Hauptsatz und
Nebensatz werden
verknüpft.

1 a) Setze die Kommas.

Der Meeresdschungel erstreckt sich zum Beispiel vor der Westküste Nord- und Südamerikas aber man findet ihn auch vor Südafrika und Australien. Dieser Meeresurwald gilt als das artenreichste Ökosystem der Welt denn hier leben hunderte Tierarten an einer 70 Meter langen Kelppflanze. Nicht auf der Erde gibt es die größte Vielfalt sondern in den Meeren leben siebenmal mehr Tierarten als auf den Kontinenten. Man nimmt an dass in den Ozeanen noch zehn bis dreißig Millionen Tierarten existieren. Obwohl bis heute 300 Millionen Quadratkilometer Meeresboden erforscht sind ist man nach wie vor am Anfang einer gigantischen Forschung. Da die Seetang- wälder so artenreich sind gehören sie zu den Naturwundern der Erde.

b) Ordne den Sätzen Satzmuster zu: HS – HS, HS – NS. Schreibe in dein Heft.

2 Füge die fehlenden Konjunktionen ein.

Er ist der beste Fußballspieler, _____ er trainiert täglich.

Susanna ist krank, _____ geht sie zum Arzt.

_____ es draußen stürmisch ist, gehen wir auf den Sportplatz.

Kai ist gut in Mathe, _____ in Deutsch hat er Probleme.

dass-Sätze

TIPP

Manchmal erkennst du an einem hinweisenden Wort, dass ein dass-Satz folgt, wie z.B.:
Es wurde <u>davor</u> gewarnt, dass …

1 a) Unterstreiche die Nebensätze, die mit der Konjunktion „dass" eingeleitet werden. Rahme das Prädikat ein.

Der Kaiserpinguin

Der Kaiserpinguin ist so gut trainiert, dass er 300 Kilometer über die Eiskante laufen kann.
Der Pinguin ist auch so gegen Kälte abgehärtet, dass er bei minus 50 Grad sein Ei ausbrütet.
Beim Ausbrüten verliert er die Hälfte seines Körpergewichts.
Danach wird er von seiner Partnerin abgelöst.
Von Kaiserpinguinen ist bekannt, dass sie wie pfeilschnelle Torpedos bis zu 400 Meter tauchen können, um Fische zu jagen.

b) Führe die Frageprobe durch. Schreibe die dass-Frage und die Antwort in dein Heft.

2 Bilde aus den Textbausteinen dass-Sätze.
Markiere das Komma und unterstreiche Verben des Denkens und Fühlens,
z.B.: *Von Fischschwärmen weiß man, dass sie gemeinsam eine hohe Intelligenz besitzen.*

sich wundern, Fischschwärme flüchten wie auf Kommando vor Feinden

feststellen, Fische verständigen sich untereinander

hat festgestellt, es gibt eine Schwarmintelligenz

behauptet, Fische verwirren so ihre Fressfeinde bis zur Ermüdung

fassen zusammen, Fischschwärme brauchen keinen Anführer oder Chef

TIPP

Wörter, die oft einen dass-Satz ankündigen:
> dadurch
> dafür
> damit
> daran
> davor
> dazu

Relativsätze

> **Relativsätze**
>
> - Ein Relativsatz wird durch **ein Komma** vom übrigen Satz abgetrennt, z. B.:
>   *Das Kleid, das Karla gestern anhatte, gehört eigentlich ihrer Mutter.*
> - Manchmal ist ein Relativsatz in einem Satz eingeschoben. Dann musst du
>   **zwei Kommas** setzen, eines **vor** und eines **hinter** dem Relativsatz, z. B.:
>   *Die Entdeckung der Ozeane, die gerade erst begonnen hat, ist unsere Zukunft.*

INFO

Ein Relativsatz ist ein Nebensatz, der ein Nomen näher bestimmt. Achtung: Manchmal steht vor dem Relativpronomen eine Präposition, z. B.: Das Licht, mit dem der Fisch …

1 **a)** Schreibe den Text ab und setze die fehlenden Kommas.

Laternenfische können Licht erzeugen das sie wie Dämmerlicht verändern können.

Quallen haben Tentakeln mit denen sie Angreifer verwirren.

Die Tentakeln die im Dunklen leuchten sind auch meistens hochgiftig.

Es gibt eine Riesensepia deren Gehirn zu den intelligentesten aller Weichtiere gehört.

Die Riesensepia die auch die Königin des Maskenballs genannt wird ist ein sehr intelligentes Wesen.

Die Riesensepia deren Haut hundert Pixelzellen besitzt kann sich bei Gefahr blitzschnell verfärben.

b) Unterstreiche die Relativsätze. Rahme das Einleitewort (Relativpronomen) ein und ergänze das Satzmuster (HS – NS), z. B.: Laternenfische können Licht erzeugen, das sie wie Dämmerlicht verändern können. HS – NS

INFO

Relativpronomen können in verschiedenen Fällen erscheinen, z. B.:
> der, die, das
> den
> dem
> denen
> dessen
> welcher, welche, welches

2 Schreibe die folgenden Sätze ab und erweitere die unterstrichenen Nomen durch Relativsätze. Nutze die Wörter in Klammern und setze die entsprechenden Kommas.

Die Riesensepia (verwandelt sich nach Belieben) wird auch Königin des Maskenballs genannt.

Die Verwandlung (passiert sekundenschnell) dient ihr zur Tarnung.

Die Riesensepia (ist sehr intelligent) nutzt die Verwandlung auch, um sich mit anderen zu verständigen.

3 „Dass" oder „das" – Setze richtig ein.

Der Fischer findet, *dass* man beim Fischen immer wieder Überraschungen erleben kann.

Forscher fanden heraus, _____ es noch größere Tierarten gibt.

Sie vermuten, _____ es noch Millionen neuer Tierarten zu entdecken gibt.

Das Meer, _____ auch als Rohstoffquelle dient, wird zukünftig noch besser erforscht werden.

Forscher bewundern, _____ Laternenfische mit ihren Zellen Licht erzeugen können.

TIPP

Mit einer Ersatzprobe kannst du prüfen, ob es sich um einen Relativsatz handelt: Kannst du auch welches einsetzen, handelt es sich um einen Relativsatz, z. B.: Das Haus, das/ welches rote Türen hat, gehört meinem Großvater.

Infinitivsätze

1 Forme die Sätze in Infinitivgruppen um. Entscheide, ob du das Komma setzen musst.

Säugetiere mussten sehr anpassungsfähig sein, damit sie überleben konnten.

Um überleben zu können, mussten Säugetiere sehr anpassungsfähig sein.

Säugetiere der Urzeit hatten die Fähigkeit, dass sie im Wasser überleben konnten.

_____

Pottwale sind dafür berühmt, dass sie über zwei Stunden untertauchen können.

_____

2 Bilde mit den folgenden Wortbausteinen Infinitivsätze. Schreibe in dein Heft und setze die Kommas.

Meeresechse frisst Algen aus dem Ozean – ernährt sich davon.
Die Meeresechse ernährt sich davon, Algen aus dem Ozean zu fressen.

diese Leguanart geht ins Meer – ernährt sich von Algen

Meeresechse liegt meistens in der Sonne – ist selten aktiv

Echsen müssen heftig niesen – versprühen so überschüssiges Salzwasser durch ihre Nasenlöcher

3 Was gehört zusammen? Setze die passenden Satzteile zusammen und schreibe sie, wenn nötig, mit Komma auf. Schreibe in dein Heft.

Anstatt sich zurückzuziehen	könnte die Schlange sich kaum ernähren.
Er greift die Wasserbüffel an	um sich zu ernähren.
Ohne sich groß anzustrengen	bringt die giftige Seeschlange die Jungen im Ozean zur Welt.

Einschübe und Nachträge

1 Setze die Kommas richtig. Unterstreiche die Satzteile, die alleine stehen können.

In der Natur kann man viele Tiere erst bei genauerem Hinsehen erkennen insbesondere Insekten.

Auf einer Wiese habe viele Insekten den Farbton des Untergrunds und zwar grün.

Manche Tiere können ihre Farbe sogar dem entsprechenden Untergrund anpassen zum Beispiel die Stabheuschrecke.

Die rote Farbe hat eine spezielle Bedeutung und zwar soll sie vor Feinden schützen.

Rot ist bei Marienkäfern deswegen der beste Schutz das heißt nämlich sie schmecken furchtbar.

Achtung Fehler!

> **TIPP**
> Prüfe, ob es sich um einen Einschub / Nachtrag handelt: Mache die **Satzprobe**, z. B.: **Einige Insekten können ihre Farbe ändern**, und zwar passend zum Untergrund.
> Der fettgedruckte Satzteil kann auch alleine stehen.

2 a) Bilde mit folgenden Textbausteinen Sätze, die Einschübe/Nachträge enthalten. Schreibe in dein Heft.

b) Unterstreiche in jedem Satz den Einschub/Nachtrag, z. B.: Der Putzerfisch trillert, <u>und zwar beim Putzen mit der Brustflosse.</u>

Den Fischen liefert dieses laute Trillern des Putzerfisches wichtige Informationen. (Aufenthaltsort des Putzers).

Die Fische unterstützen den Putzerfisch. (durch Abspreizen der Flossen, Kiemendeckel und durch Öffnen ihres Maules).

Der Fisch-Kunde zeigt dem Putzerfisch, ob er mit dem Putzen zufrieden ist. (schüttelt sich und wandert weiter).

Eine Fischart nutzt die Beliebtheit des Putzerfisches aus. (der Säbelzahnschleimling).

Der Säbelzahnschleimling ahmt den Putzer nach. (dasselbe leuchtende Hellblau und denselben schwarzen Längsstreifen am Körper).

Diese Verkleidung und das Nachahmen des Putzertanzes haben nur einen Grund. (lockt Beute an).

Teste dich selbst!

Zeichensetzung

/ 8

1 a) Setze die fehlenden Kommas im Satzgefüge.

b) Bestimme die Satzmuster.

Achtung Fehler!

Tom meint dass er später kommen wird. _____

Toms Eltern finden dass Tom fleißig ist. _____

Wir wünschten uns das Auto das neu auf dem Markt ist. _____

Als wir in Köln ankamen regnete es. _____

Dass du es nicht schaffen konntest war nicht vorhersehbar. _____

Katja und ihre Schwester glaubten dass wir heute grillen würden. _____

Das Buch welches ich gelesen hatte war sehr spannend. _____

Das Kätzchen das zu uns kommt hat seltsame Augen. _____

/ 5

2 Setze in den folgenden Sätzen „das" oder „dass" ein. Trenne die Sätze durch ein Komma ab.

Er kauft das Handy _____ er im Laden gesehen hat.

Papa wundert sich _____ das Essen schon fertig ist.

_____ _____ Fest ein Erfolg ist, wage ich zu bezweifeln.

Anna freute sich _____ das Kätzchen sich eingewöhnt hatte.

/ 6

3 Setze in diesen Infinitivsätzen die Kommas.

Um besser trinken zu können holte er sich einen Strohhalm.

Er vergaß alles außer sich in der Sonne einzucremen.

Ohne zu essen wollte er den Berg besteigen.

Ihr könntet mal eine Pause machen statt die ganze Zeit zu arbeiten.

Um sich das Moped kaufen zu können musste Jan noch viel sparen.

Anstatt zu Freunden zu gehen verbrachte er den Nachmittag zu Hause.

Achtung Fehler!

Gesamt:

/ 19

Teste dein Wissen!
Lernstandstest

Die Skatepark-City

Jahrelang wurden in München Skateparks aus Fertigteilen gebaut,
mit denen Skater nichts anfangen können. Markus Suchanek, der
leidenschaftlich gerne skatet, ist dabei, das zu ändern.
Markus Suchanek weiß, wovon er spricht, denn der 41-Jährige
5 skatet seit 30 Jahren. 2005 hat er sich mit dem Münchner Baureferat
an einen Tisch gesetzt, um Skateparks zu schaffen, mit denen die
Münchner Skater etwas anfangen können.

sueddeutsche.de: Warum engagierst du dich für die Münchner Skateboard-Szene?

10 *Suchanek:* Die Skateparks in München wurden lange Zeit an den
Bedürfnissen der Skater vorbei gebaut. Ich will, dass die Skater
bessere Spots bekommen, mit denen sie etwas anfangen können.

sueddeutsche.de: Wenn du dich so sehr für Skateparks engagierst, muss deine
Faszination für das Skaten und die Szene sehr groß sein. Was genau macht
15 deine Begeisterung aus?

Suchanek: Die Geschwindigkeit und die Fliehkraft machen den Reiz aus.
Wenn man in einem leeren, drei Meter tiefen Pool fährt und über den Rand
hinausfliegt, entstehen dabei intensive Gefühle. Wenn man damit
aufwächst, bohrt sich das ein und die Faszination bleibt. Man macht etwas,
20 was andere nicht können. Das Skateboard-Fahren hat für viele etwas
Freches, Unerhörtes, weil die Fahrer nicht an die Schwerkraft gebunden zu
sein scheinen. Als Ende der Siebziger die ersten Bilder der Skateparks aus
Kalifornien hier auftauchten, die aussahen wie betonierte Mondland-
schaften, hat das auf mich eine riesige Faszination ausgeübt. Ich arbeite in
25 einer Bank im Firmenkundenbereich und trage fast jeden Tag einen grauen
Anzug – und am Wochenende gehe ich skaten.

sueddeutsche.de: Was ist das Besondere am Skateboarden?

Suchanek: Skateboard-Fahren hat eine lange Geschichte, es ist kein
Teenie-Kram oder eine Eintagsfliege, sondern seit Jahren ein fester
30 Bestandteil der Jugendkultur und mittlerweile eine etablierte Sportart. [...]

sueddeutsche.de: Wie hat sich das Skateboarden in der Zeit verändert?

Suchanek: Am Anfang haben die Wellenreiter in Kalifornien ihr Surfen auf
die Straße verlegt. Dann haben sie entdeckt, dass sich leere Swimmingpools
– das sind dort runde Becken – super zum Skaten eignen. Daraus ist die
35 Bewegung der Skateparks entstanden. Nach den siebziger Jahren hat sich
das Skateboarden auf das Halfpipe-Fahren verlagert. Das war die Zeit, als
das Skaten nach Deutschland kam. Ende der Achtziger verschwand das
Halfpipe-Fahren von der Oberfläche, weil die Skater allmählich älter
wurden.
Interview: Ana Maria Michel

1 Lies das Interview mit Markus Suchanek durch.

/1

2 Überlege, welches Thema das Interview anspricht.
Kreuze es an.

☐ Sport oder einfach nur der Kick?

☐ Skateboard-Fahren: eine anerkannte Sportart

☐ Leichtsinn oder In-sein? Skateboard-Fahren

/1

3 Welche Meinung vertritt Markus Suchanek?

☐ Die Skateparks in München sind o. k.

☐ Die Skateparks in München wurden lange Zeit an den Bedürfnissen der Skater vorbei gebaut.

☐ München braucht keinen neuen Skatepark.

/2

4 Markus Suchanek engagiert sich für die Münchner Skateboard-Szene.
Schreibe zwei Gründe aus dem Interview auf, warum er sich für neue Parks zum Skaten einsetzt.

_____

_____

_____

/5

5 Suchanek stützt seine Forderung nach einem neuen Skatepark mit Argumenten.
Schreibe fünf Argumente heraus.

_____

_____

_____

_____

_____

/3

6 Wer kam wann und wo auf die Idee, Skateparks zu bauen?

Wer? _____

Wo? _____

Wann? _____

7 Die Leiter vom Baureferat argumentierten zuerst gegen den Skatepark. Kreuze mögliche Argumente an.

/ 2

☐ Ein neuer Skatepark verursacht zu hohe Kosten.

☐ Der Skatepark aus Fertigteilen ist nichts für Skater.

☐ Andere Investitionen haben Vorrang (z. B. die Allianz-Arena).

☐ Skateboarden ist nicht mehr angesagt. Wozu dann der Aufwand?

8 Formuliere zu zwei Kontra-Argumenten vom Baureferat je ein Pro-Argument aus der Sicht eines Skateboarders.

/ 2

_____

_____

_____

9 Der geplante Skatepark hat, außer dem Baudezernat, weitere Gegner. Markus Suchanek erhält dazu folgende E-Mails:

/ 5

1 „Der Skatepark bringt nichts als Lärmbelästigung."   *Peter*

2 „Wer skatet, der hat Probleme, andere Sportarten zu betreiben."   *Carola*

3 „Wir möchten hier weiterhin in Ruhe und Frieden leben. So'n Skatepark zieht auch Kriminelle an."   *Tom*

4 „Ich als Mutter eines dreizehnjährigen Jungen möchte nicht, dass mein Sohn auch in diese Szene gerät."   *Jana*

5 „Auch ich bin gegen die Modernisierung. Sollen die doch erst einmal den Spielplatz für die Kleinsten erneuern ...!"   *Eve*

Formuliere Suchaneks mögliche Antwort als Kontra-Argument.

_____

_____

_____

_____

10 Flo Schuster hat bereits zwei Skateboard-Filme gedreht. Lies seinen Kommentar durch.
Nutze Aussagen von ihm, um Pro-Argumente für den neuen Skatepark zu erstellen. Achte auf die Einteilung Argument – Beleg/Beispiel.

/ 9

Schuster: Skaten ist eine „freie" Sportart: Es gibt viele verschiedene Tricks, die man machen und auf fast unendlich viele Arten kombinieren kann. Man ist nicht an bestimmte Trainingszeiten gebunden wie bei Vereinssportarten. Und das Tolle ist: Skaten kann man fast überall, wo es einem die Architektur
5 erlaubt. Skaten ist nicht so statusbehaftet wie andere Sportarten. Man muss zum Beispiel nicht bei Wettbewerben mitfahren. Ich skate seit acht Jahren, an Wettkämpfen habe ich nie teilgenommen. Wettkampfergebnisse sagen gar nichts über das Können aus oder die Liebe zum Sport.

Schuster: Städte wie beispielsweise Berlin und Köln haben sicherlich bessere
10 Bedingungen als wir hier. Es gibt dort mehr und größere Skatespots. Da ist mehr Leben in der Szene drin. Aber das Angebot an Skateparks im Freien ist in München in Ordnung – da wurde in letzter Zeit viel gebaut. Für den Winter gibt es allerdings nicht wirklich etwas. Früher konnte man noch in die Euro-Skate-Halle gehen, aber die Stadt wollte kein Geld mehr
15 zuschießen und deswegen musste sie vor zwei Jahren schließen. Es gibt noch eine Halle in der Kulturfabrik, aber die ist klein und überlaufen, da kann man nicht wirklich Spaß drin haben. Die einzig gute Halle in der Nähe ist in Freising, aber da fährt man mindestens eine halbe Stunde hin. Für viele Skater ist das am Abend nach der Arbeit einfach zu weit.

Pro-Argument: _____

Beleg 1: _____

Beleg 2: _____

Beleg 3: _____

Pro-Argument: _____

Beleg: _____

Beispiel: _____

Pro-Argument: _____

Beleg: _____

/3

11 a) Unterstreiche im Interview mit Suchanek „Die Skatepark-City" drei Sätze, die die Pro-Argumentation bekräftigen.

/9

b) Schreibe die unterstrichenen Sätze umformuliert als Pro-Argumente auf. Achte auf die Verwendung der Konjunktionen da, weil, doch …

_____

_____

_____

Eine literarische Figur beschreiben

SEITE 5

1, 2

Sherlock Holmes	Watson

– Spätaufsteher
– kann rasch schluss-
  folgern
– denkt immer logisch
– blickt alles erfassend
	– macht sich Notizen zu
	  den Fällen
	– lebte als Junggeselle
	  mit Sherlock Holmes
	  zusammen in der
	  Bakerstreet
	– hat feste Lebensge-
	  wohnheiten
	– freut sich, wenn er
	  Sherlock Holmes bei
	  seinen Ermittlungen
	  begleiten kann

3 *So könnte deine Lösung lauten:*
Sherlock Holmes ist Junggeselle und lebt mit seinem
Freund Dr. Watson in der Baker Street. Er ist Detektiv.
Holmes arbeitet „aus Liebe zur Kunst" und sucht sich
deshalb immer außergewöhnliche Fälle aus. Er ist schlau,
denkt logisch und alles erfassend.

Die Merkmale einer Kriminalgeschichte kennen

SEITE 7

1
Mr. Pratt trug Mokassins. Diese Schuhe muss man nicht
zubinden. Also gab es auch keinen Grund dafür, dass Mr.
Pratt sich bückte, um seine Schuhe zuzubinden.

2
Ein Verbrechen wird entdeckt: Die Geschichte beginnt mit
der Entdeckung der Leiche (Z. 1–6).
Ein Ermittler tritt auf und übernimmt den Fall: Inspektor
Winters betritt den Tatort (Z. 7).
Die Verdächtigen werden ermittelt und nach ihrem
Alibi gefragt: Die Pflegerin und Mrs. Pratt werden befragt
(Z. 10–27).
Die Spuren werden gesichert: / Die Suche nach dem Motiv
beginnt: / Der Täter wird überführt: Inspektor Winters
überführt die Pflegerin Berta (Z. 28 f.).
Die Tat wird rekonstruiert: / Die Personen lassen sich einer
bestimmten Kategorie zuordnen: Täterin: Berta Tone; Opfer:
Roger Pratt; Ermittler: Inspektor Winters.

3 –

Teste dich selbst!
Die Merkmale einer Kriminalgeschichte kennen

SEITE 8

1
Der Tod von Joseph Pastrono, ein Lebensmittelhändler,
hätte als Selbstmord durchgehen können, wenn da nicht
das scharfe Auge von Dr. Haledjian gewesen wäre. Pastrono
war als neunjähriger Junge aus Italien nach Amerika
gekommen. Seine Familie fing arm an, er hatte die Schule
im siebten Schuljahr verlassen, um zu arbeiten. Er hatte
geheiratet und zwei Söhne großgezogen. Trotz seiner
begrenzten Bildung las er jeden Tag die Nachrichten in
einer italienischen Zeitung.
Seine Leiche wurde über seinem Laden gefunden, in der
ordentlichen Vier-Raum-Wohnung, wo er alleine gelebt
hatte, seitdem seine Frau Anna vor einem Jahr gestorben
war. Er hatte sich offensichtlich mit dem Revolver
erschossen, den er in seinem Laden zu seinem Schutz hatte.
Die Polizei fand keinen Beleg für die Gerüchte, dass er seine
Ersparnisse in der Wohnung versteckt hatte.
Neben Pastronos Körper fand man einen Abschiedsbrief,
laut Aussage seiner Söhne in seiner eigenen Handschrift. Er
lautete: „Ich bin müde und krank. Mein Körper schmerzt
mich jede Stunde am Tag. Die Ärzte sagen, dass man nichts
tun kann; ich bin zu alt. Wäre ich zwanzig Jahre jünger,
würde ich versuchen weiterzumachen. Aber meine Anna ist
tot und meine beiden Söhne haben ihre eigenen Familien.
Ich will ihnen nicht zur Last fallen. Das ist der einzige Weg.
Der Herr möge mir vergeben." Haledjian legte den Brief
nieder und sagte: „Pastrono wurde ermordet!"

2
– Verbrechen wird entdeckt (Z. 7)
– Ermittler tritt auf (Z. 1, Z. 11, Z. 19)
– Personen lassen sich bestimmten Kategorien zuordnen:
  Opfer: Pastrono (Z. 1), Ermittler: Haledjian (Z. 2), evtl.
  Verdächtige: die Söhne (Z. 13–14)

3
– Die Verdächtigen werden ermittelt und nach ihrem Alibi
  befragt.
– Die Spuren werden gesichert.
– Die Suche nach dem Motiv beginnt.
– Der Täter wird überführt.
– Die Tat wird rekonstruiert.

SEITE 9

4 *So könnte deine Lösung lauten:*
Der Brief war in perfekter Sprache geschrieben, aber
Pastrono verfügte nur über eine geringe Schulbildung und
las auch nur italienische Zeitungen.

5 *So könnte deine Lösung lauten:*
Am Text begründet scheint es doch wahrscheinlich, dass
die Söhne ihren Vater ermordet haben (haben lassen), da
sie vielleicht wussten, dass er Ersparnisse im Haus hatte.
Außerdem hätten sie wissen müssen, dass dieser Brief

nicht von ihrem Vater geschrieben sein konnte. Eventuell haben sie sogar gelogen und nur behauptet, dass dies die Handschrift ihres Vaters sei.

Auswertung der Testergebnisse
21–19 Punkte
Prima! Du weißt, worauf es bei einer Kriminalgeschichte ankommt!
18–10 Punkte
Das war schon ganz gut. Lies noch einmal die Merkmale einer Kriminalgeschichte und notiere dir, worauf du in Zukunft achten möchtest.
9–0 Punkte
Schau dir alle Merkkästen und Übungen im Kapitel „Die Merkmale einer Kriminalgeschichte kennen" noch einmal genau an. Suche mit einem Lernpartner eine beliebige Kriminalgeschichte aus, markiert die Merkmale und besprecht den Aufbau.

Ein Bewerbungsschreiben verfassen

SEITE 10

1
1. Briefkopf mit Absender, Empfänger, Ort und Datum
2. Betreff: Bewerbung als Praktikant
3. Anrede
4. Briefinhalt: Bewerbungsmotivation
5. Gruß
6. Unterschrift

2

Aussagen	Stärken
– Simon gibt Nachhilfe […].	– ist geduldig (Nachhilfe)
– Simon war beim Fußball-training immer da.	– verlässlich
– Fußballteam	– kann im Team arbeiten
– Simon hat schon als Kind große Ausdauer bewiesen.	– ausdauernd
– Er ist höflich.	– höflich
– Simon geht immer offen auf alle Leute zu.	– kontaktfreudig
– Simon kann anpacken.	– vor Arbeit nicht scheu
– Er lässt seine schlechte Laune nie an anderen aus.	– ist umgänglich

3 *So könnte der Brief lauten:*

Simon Petris
Alltagstr. 2
50687 Köln

Gärtnerei Tausendschön und Partner
Wiesenstraße 4
50896 Leverkusen

Datum: Köln, 20. 01. 20..
Betreff: Bewerbung als Praktikant in Ihrem Betrieb

Sehr geehrter Herr Tausendschön,
mein Name ist Simon Petris und ich gehe in die 8. Klasse auf die Geschwister-Scholl-Gesamtschule in Neustadt. Im Rahmen eines

Schülerpraktikums vom 23. 02. 20.. bis zum 23. 03. 20.. möchte ich mich bei Ihnen bewerben.
Mein Interesse an allen Arten von Pflanzen ist sehr groß, so helfe ich jetzt schon viel im Garten meiner Eltern mit. Schon als Kind besaß ich ein eigenes Gewächshaus, in dem ich Nutz- und Zierpflanzen anbaute.
Da ich noch viel mehr über Pflanzen und den Beruf des Gärtners lernen möchte, halte ich ein Praktikum in Ihrem Betrieb für eine große Bereicherung.
Ich arbeite gerne mit Menschen zusammen. Körperliche Arbeit fällt mir nicht schwer. Da ich viel Sport treibe, bin ich sehr belastbar.
Über eine Einladung zu einem Vorstellungsgespräch würde ich mich sehr freuen.
Mit freundlichen Grüßen,
Simon Petris

Eine Vorgangsbeschreibung verfassen

SEITE 11

1
Für den ersten Tag werden Gummistiefel benötigt.
Mit einem langen Schlauch werden die Blumen gegossen.
Simon bringt die Blumenreste auf den Kompost.
Rindenmulch wird vom Bauern am Nachmittag gebracht.
Der Auszubildende bringt Simon nach Hause.

2 b)
Als Erstes gebe ich die Zutaten in eine Schüssel. Dann verrühre ich die Zutaten einige Zeit mit dem Handmixer. Während ich die Backform einfette, wird der Ofen vorgeheizt. Anschließend gebe ich den Teig in die Backform und schiebe die Form auf die mittlere Schiene in den Ofen. Dort backt der Kuchen dann ca. 50 Minuten lang. Nachdem ich den Kuchen aus dem Ofen geholt habe, muss ich diesen noch abkühlen lassen, bevor man ihn essen kann.

SEITE 12

3 a)
In der Einleitung müssen die W-Fragen beantwortet werden und der Adressat kann angesprochen werden. Im Hauptteil müssen die Handlungsschritte folgerichtig und mit den entsprechenden Fachbegriffen beschrieben werden. Am Schluss kann eine Stellungnahme oder ein Ausblick stehen.

3 b)
Wer muss das Beet umgraben?
Was macht Simon als Erstes?
Wann muss Simon das tun?
Was soll er tun?
Wo soll er das tun?

3 c)
Simon soll heute ein Beet neu bepflanzen. Zunächst säubert er das Beet, indem er das Unkraut herausrupft. Danach sucht er im nahen Gewächshaus neue Pflänzchen für das Beet aus. Nachdem Simon die passenden Pflanzen ausgesucht hat, setzt er diese in die Schubkarre und geht zum Beet zurück. Nun gräbt er kleine Löcher in die Erde. Im Anschluss setzt Simon Blumen in die gegrabenen Löcher und füllt die Ränder mit Erde auf. Schließlich holt Simon am Brunnen Wasser mit der Gießkanne, geht zum Beet zurück und gießt vorsichtig die neuen Pflänzchen. Zufrieden betrachtet Simon sein Werk.

Einen ausführlichen Tagesbericht schreiben

SEITE 13

1

W-Fragen beantwortet	☒
Abfolge eingehalten	☒
Präteritum verwendet	☐
knapp und informativ formuliert	☐

2

Ich komme um 6.30 Uhr an meinem Praktikumsbetrieb, der Gärtnerei Tausendschön und Partner, an. ~~Dies wird ein aufregender Tag, denn~~ es geht gleich los zum Großmarkt. Das hat mein Chef Herr Tausendschön mir schon seit Beginn des Praktikums versprochen! Wir nehmen den großen Lieferwagen und machen uns auf den Weg. ~~Ich bin beeindruckt von den zahlreichen Ständen mit tausenden von Blumen, von denen ich nur wenige kenne. Da wir etwas unter Zeitdruck stehen,~~ beeilen wir uns die Einkaufsliste zügig abzuarbeiten und beladen den Wagen ~~mit Rosen, Ranunkeln und Co.~~ Um 9.00 Uhr kommen wir wieder an der Gärtnerei an ~~und frühstücken erst einmal~~. Nach dem Frühstück laden wir den Transporter aus. Einige Blumen müssen ins Gewächshaus, andere kühl gelagert werden und eine große Anzahl an Schnittblumen bringe ich in den Verkaufsraum der Gärtnerei. Da die Fensterscheiben des Gewächshauses stark vermoost sind, muss ich das Moos abkratzen und die Scheiben danach wischen. ~~Darauf hab ich überhaupt keine Lust und bin froh, als~~ die Mittagspause um 12 Uhr beginnt. Nach dem Essen muss ich eine Lieferung für einen ~~wirklich netten~~ Kunden zusammenstellen. ~~Im Verkaufsraum ist danach noch einiges zu tun.~~ Frau Tausendschön, die Frau meines Chefs, zeigt mir, wie man Blumen zu richtigen Sträußen bindet. ~~Es dauert eine Weile, bis ich den Dreh raushabe.~~ Am frühen Nachmittag liefere ich mit dem Fahrrad der Gärtnerei noch zwei Blumensträuße aus. Zurück in der Gärtnerei fege ich noch den Verkaufsraum und beende meinen Arbeitstag um 17 Uhr. ~~Ich fühle mich glücklich, obwohl der Tag recht anstrengend war,~~ und hoffe, dass Herr Tausendschön mir später eine Lehrstelle in seinem Betrieb anbietet.

SEITE 14

3

Wer?	Schüler Simon
Was?	Fahrt zum Großmarkt, diverse Tätigkeiten
Wann und wo?	13. März, Gärtnerei Tausendschön und Partner, Großmarkt
Warum?	Praktikumstätigkeit
Welche Folgen?	Simon möchte gerne eine Lehre als Gärtner machen.

4

Heute **musste** ich schon um 7.00 Uhr in der Backstube sein. Mein Chef Herr Märtens **war** schon seit 4.00 Uhr hier. Zunächst **gab** ich alle Zutaten für die Brötchen in die Mischmaschine. Die ist sehr groß und erst **zeigte** mir Herr Märtens, wie sie **funktionierte**. Die Maschine **brauchte** etwa 10 Minuten, um alle Zutaten zu einem glatten Teig zu verrühren. Danach **nahm** ich den großen Teigballen und **legte** ihn auf den Holztisch. Anschließend **formte** ich viele kleine Brötchen daraus. Manche **bestreute** ich mit Sesam und andere mit Mohn. Als die Brötchen fertig **waren**, **schob** ich sie in den großen Backofen. Nach wenigen Minuten **waren** sie fertig. Die fertigen Brötchen **brachte** ich gleich in den Verkaufsraum. Dort **kamen** mittlerweile auch schon die Verkäuferinnen an. Ich **half** ihnen noch ein wenig und **machte** dann eine kleine Frühstückspause. Danach **begannen** wir damit, einige Tortenbestellungen anzufertigen. Ich **machte** sogar einen Schriftzug auf eine Torte. Um 12.00 Uhr **reinigten** wir die Backstube. Alles wird **gefegt** und für den nächsten Tag **vorbereitet**. Um 13.00 Uhr **hatte** ich Feierabend.

Teste dich selbst!
Eine Vorgangsbeschreibung verfassen

SEITE 15

1

Eine Vorgangsbeschreibung schreibt man im **Präsens**. Ob man das **Aktiv** oder das **Passiv** verwendet, ist egal. Wichtig ist nur, dass man bei einer **Zeitform** bleibt. Mit **unterschiedlichen Satzanfängen** und **guten Satzverknüpfungen** wird der Text ansprechender und lässt sich **besser lesen**. Die **Reihenfolge** ist sehr wichtig, damit der Leser weiß, welcher **Handlungsschritt** zuerst durchgeführt wird.

2

1, 2, 5, 3, 4, 6

3

Zunächst suche ich Holz aus. Das Holz schneide ich mit einer Maschine zu. Dann mache ich die Beine an die Tischplatte mit Holzsteckverbindungen. Abschließend wird alles verleimt. Danach muss das Holz abgeschmirgelt werden. Ich lackiere den Tisch in einem hellbeigen Farbton.

Auswertung der Testergebnisse
21–19 Punkte
Prima! Du weißt, worauf es bei einer Vorgangsbeschreibung ankommt!
18–10 Punkte
Das war schon ganz gut. Lies noch einmal den Merkkasten auf S. 11 und notiere dir, worauf du in Zukunft achten möchtest.
9–0 Punkte
Schau dir alle Merkkästen und Übungen im Kapitel „Eine Vorgangsbeschreibung verfassen" noch einmal genau an. Suche mit einem Lernpartner eine bebilderte Gebrauchsanleitung (z.B. von einem IKEA-Regal oder einem Überraschungsei) und verfasse eine schriftliche Vorgangsbeschreibung. Vergleicht eure Ergebnisse.

Überzeugend argumentieren

1
Die Schüler wollen nicht alle gleich aussehen, aber sie tun es bereits.

2
Schuluniformen

3 *So könnte deine Lösung lauten:*
Ich fände es sehr gut, wenn bei uns eine einheitliche Schulkleidung eingeführt würde.

4 *So könnte deine Lösung lauten:*
Eine einheitliche Kleidung würde dazu führen, dass manche meiner Mitschüler/innen nicht mehr so sehr mit ihrer teuren Markenkleidung angeben könnten.

5 *So könnte deine Lösung lauten:*
Eine Mitschülerin von mir war in den letzten Ferien in New York und gibt seither mit ihren Abercrombie & Fitch Shirts unglaublich an.

6 a)
Nicht hierher gehört das Argument von Zeile 16 – 22, da es ein Gegenargument ist.

6 b)
1. Argument: Z. 23 – 28
2. Argument: Z. 1 – 7
3. Argument: Z. 8 – 15

6 c)
Zunächst fällt mir ein, dass die Schüler/innen durch die einheitliche Kleidung auch ihre Schule ganz anders nach draußen präsentieren. Schon im Bus oder in der U-Bahn wird durch den Pulli oder das T-Shirt deutlich, dass man Schüler/in einer bestimmten Schule ist. Viele nehmen sich dann vielleicht zusammen und benehmen sich besser. Zweitens achten die Schüler/innen mehr auf den Charakter ihrer Mitschüler/innen, da sie sich nicht mehr durch das Tragen bestimmter Kleidung sofort bestimmten Gruppen zuordnen lassen. An unserer Schule ist es häufig so, dass bestimmte Schüler/innen schon allein wegen ihrer nicht vorhandenen teuren Markenkleidung von anderen nicht akzeptiert oder gar ausgegrenzt werden, obwohl man persönlich noch gar nichts mit ihnen zu tun hatte und gar nicht wissen kann, ob man sie mag oder nicht. Zum Schluss möchte ich noch erwähnen, dass Schuluniformen das Schulklima verbessern. Wenn alle Schüler/innen die gleiche Kleidung tragen, gibt es weniger Neid, Spott und Gruppenzwang. In einer Haupt- und Realschule in Hamburg-Sinstorf tragen alle Schüler/innen einen blauen Pulli oder ein T-Shirt mit dem Schullogo auf der Brust. Seitdem hat sich das Schulklima deutlich verbessert.

Einleitung und Schluss einer Erörterung schreiben

1

Einführung der Schuluniform an einer Nachbarschule — einheitliche Schulkleidung — Schuluniform — Diskussion mit der Freundin über das Thema — Zeitungsartikel über Schuluniform — Einführung der Schuluniform an der eigenen Schule

2 *So könnte deine Lösung lauten:*
Hinführungsgedanke: Kürzlich kamen mir auf dem Schulweg drei Schülerinnen aus dem Gymnasium entgegen. Sie trugen alle blaue Sweatshirts mit dem Logo ihrer Schule. Als ich sie darauf ansprach, erklärten sie mir, dass dies nun an ihrer Schule so vorgeschrieben sei und sie das gar nicht schlecht fänden. Ich fand dagegen, dass sie in dieser Aufmachung unmöglich aussahen, und möchte nicht so herumlaufen.

Überleitung zur Diskussionsfrage: Daher werde ich im Folgenden Argumente sammeln, was für und was gegen die Einführung einer einheitlichen Schulkleidung an unserer Schule spricht.

3
1: eigene Meinung, 2: Ausblick, 3: Zusammenfassung

Eigene Texte überarbeiten

1

Kleidung, die für alle Schüler einheitlich gestaltet ist — Kleidung, die nicht modisch ist — Schuluniform — T-Shirts oder Pullis mit dem Schullogo — Kleidung, die besonders edel und teuer ist — Jeans einer Marke

2
Die Idee, Schuluniformen einzuführen, finde ich <u>voll cool</u> (Umgangssprache). Schüler/innen werden oft ausgegrenzt. <u>Mit Schuluniformen nicht</u> (unvollständiger Satz + zu allgemein). Manche Schüler/innen können sich teure Marken<u>klamotten</u> (Umgangssprache) leisten. Sie lassen das auch <u>total raushängen</u> (Umgangssprache). <u>Zum Beispiel der Dani</u> (Umgangssprache + unvollständiger Satz) aus der Parallelklasse! Andere Schüler/innen können sich diese tollen Klamotten (Umgangssprache) nicht leisten. Die sind dann <u>die Opfer</u> (Umgangssprache + zu allgemein). <u>Auf sie wird dann herabgeschaut. Sie gelten dann als Außenseiter. Schuluniformen könnten da helfen</u> (zu allgemein + kein Satzgefüge). Denn dann haben alle das Gleiche an.

So könnte deine Verbesserung aussehen:
Die Idee, Schuluniformen einzuführen, finde ich sehr unterstützenswert. Schüler/innen werden oft ausgegrenzt, was durch das Tragen von Schuluniformen vermieden werden kann. Manche Schüler/innen können sich teure Markenkleidung leisten und sie geben damit auch gegenüber ihren Mitschülern ganz schön an. Als Beispiel möchte ich meinen Mitschüler Dani aus der Parallelklasse anführen, der immer mit sehr teuren Jeans und Ralf-Lauren-Poloshirts herumläuft und auf andere herabschaut. Andere Schüler/innen können sich diese teuren Kleidungsstücke nicht leisten und werden dann von Schülern wie Dani hochnäsig behandelt. Sie fühlen sich dann schnell als Außenseiter. Schuluniformen könnten da hilfreich sein, weil dann alle das Gleiche anhaben und somit Vorurteile nicht so leicht entstehen können.

Teste dich selbst!
Schriftlich Stellung nehmen
SEITE 21

1

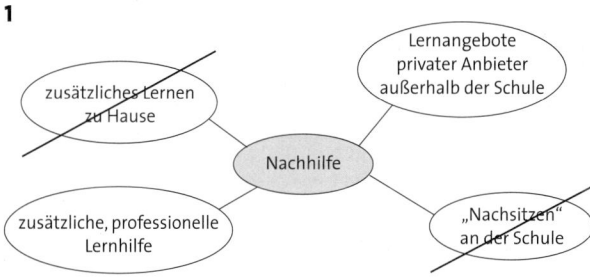

2
Viele Schüler/innen <u>hängen</u> daheim allein <u>rum</u> und <u>glotzen</u> nur TV oder <u>hocken</u> vor dem Computer. In der Nachhilfe werden sie dagegen gezwungen, sich den Stoff <u>reinzuziehen</u>.
Viele Schüler/innen sind nachmittags und am frühen Abend allein zu Hause und sehen dann nur fern oder sitzen vor dem Computer. In der Nachhilfe werden sie dagegen gezwungen, sich mit dem Stoff auseinanderzusetzen.

3
Nachhilfe nimmt zu, weil die Lehrkräfte nicht erklären können. (2)
Da die Lehrer in der Schule oft zu wenig Zeit zum Üben und Vertiefen des Stoffes haben, nimmt die Zahl der Schüler/innen mit Nachhilfe zu. (1)
Ich habe auch Lehrer, die schlecht erklären können. Deshalb bekommen in meiner Klasse fast alle Nachhilfe. (3)
Weil die Lehrer faule Säcke sind und oft schlecht vorbereitet sind, nimmt die Nachhilfe immer mehr zu. (4)

4 *So könnte deine Lösung lauten:*
Nachhilfe nimmt deswegen immer mehr zu, weil viele Schüler/innen heutzutage nur noch wenig Unterstützung von zu Hause bekommen. Früher war mindestens ein Elternteil, meist die Mutter, zu Hause, wenn die Schulkinder heimkamen. Sie wurden mit Mittagessen versorgt und dann ging es an die Hausaufgaben. Diese wurden überwacht und bei Lernschwierigkeiten konnten die Mutter oder ältere Geschwister helfen. Heute gibt es viele Alleinerziehende, die den ganzen Tag arbeiten müssen. So sind die Kinder, die keine Ganztagsschule und keinen Schulhort besuchen, auf sich allein gestellt. Niemand überprüft, ob sie ihre Hausaufgaben machen und es ist auch oft niemand da, der ihnen dabei helfen könnte.

Auswertung der Testergebnisse
16 – 14 Punkte
Prima! Weiter so! Du weißt, worauf es beim Verfassen einer schriftlichen Argumentation ankommt.
13 – 9 Punkte
Das war schon ganz gut. Lies noch einmal die Merkkästen und notiere dir, worauf du in Zukunft besonders achten willst.
8 – 0 Punkte
Suche mit einem Lernpartner weitere Argumente zum Thema Nachhilfe. Schreibe dann eine Argumentation und vergleiche sie mit der deines Lernpartners.

Ein Diagramm auswerten
SEITE 22

1
Säulendiagramm

2
Jedes Quartal umfasst drei Monate. Das dritte Quartal sind die Monate Juli, August, September.

3 a)
Über das Jahr hinweg steigen die Verkaufszahlen, einen Einbruch gibt es im dritten Quartal bei den Videospielen. In den kühleren Monaten werden mehr Spiele verkauft.

3 b)
Im vierten Quartal liegt das Weihnachtsfest, vermutlich werden viele Spiele verschenkt.

Informative Sachtexte lesen und verstehen
SEITE 23

1
In dem Text geht es um die Arbeit eines Spieleentwicklers. Der Beruf des Computerspieleentwicklers wird vorgestellt.

SEITE 24

2

die Konsole	Gerät zum Abspielen von Musik oder Spielen
das Konzept	Entwurf, Plan
der/das Level	Abschnitt eines Spiels
der/die Regisseur/in	Spielleiter/in beim Film
das Detail	die Kleinigkeit
das Design	Gestaltung und Planung
virtuell	nicht real, nur im Computer vorhanden

3

Der Text hat die Aufgabe, junge Menschen über das Berufsbild des Computerspieleentwicklers, -designers zu informieren. Sie erfahren etwas über die Herstellung eines Computerspiels und lernen die beteiligten Berufe kennen. Auch die Frage: Wie kann ich diesen Beruf erlernen? wird im Text beantwortet.

4

Ein großes Team

5

Zeitform: Präsens
Die Beschreibung eines Berufs ist allgemeingültig und erfolgt deshalb im Präsens.

6 a)

Game-Designer (Z. 6), Grafiker (Z. 16) und Game-Developer (Z. 24)

6 b)

Beruf	Aufgaben
Game-Designer	Er entwickelt das Konzept mit Hilfe folgender Fragen: Wo findet das Spiel statt (Zeit und Ort)? Welche Levels muss der Spieler durchlaufen? Welche Regeln gibt es, was ist das Ziel des Spieles?
Grafiker	Sie gestalten die Spielelemente und sind für das Aussehen des Spieles zuständig.
Game-Developer	Sie sind für die technische Umsetzung verantwortlich und erstellen die Programme.

Einen wertenden Zeitungstext erkennen

SEITE 25

1

Kommentar

SEITE 26

2

Pro	Kontra
– große Songauswahl – bekannte und unbekannte Lieder – viele Gestaltungsmöglichkeiten für Spielfigur und Bühne – Mehrspielermodus	– Umgewöhnung notwendig: Text läuft durch, ist in Silben gegliedert – nur ein Mikrofon dabei

3

Der Text gibt die Meinung der Autorin, Dorothea Szymanski, wieder. Sie merkt kritisch an, dass es einige Punkte gebe, an die man sich gewöhnen müsse, aber sie sagt, es sei ein gutes Spiel, bei dem man viele tolle Lieder

ausprobieren und viele verschiedene Spielfiguren und Spielorte gestalten könne.

4

V: große Liedauswahl
V: neue und alte Lieder
N: ungewohnte Neuerungen:
   – Text läuft durch
   – Text ist in Silben unterteilt
V: große Vielfalt an Gestaltungsmöglichkeiten
V: Mehrspielermodus
N: nur ein Mikrofon dabei

5 *Mögliche Antwort:*

Wichtig bei einem Spiel ist für mich, dass es viele verschiedene Möglichkeiten gibt, damit es nicht so schnell langweilig wird. Der Text sagt, dass sowohl die Anzahl der Songs als auch der Gestaltungsmöglichkeiten sehr groß ist. Das ist für mich ein wichtiges Argument.

6 *So könnte deine Antwort lauten:*

„Der Häftling in der Zelle 92 des Militärgefängnisses Berlin-Tegel ist ein besonderer Fall." Mit diesem Satz beginnt Renate Wind ihre Biografie Dietrich Bonhoeffers „Dem Rad in die Speichen fallen" (Beltz & Gelberg 1990) und man wird neugierig auf die Besonderheit des Falles und auf das außergewöhnliche Leben des Häftlings. Kenntnisreich und einfühlsam bringt die ausgebildete Pfarrerin dem Leser die Person und den Theologen Bonhoeffer nahe. Den Auftaktseiten im Gefängnis folgt eine chronologische Erzählung, sodass der Leser miterleben kann, wie der kleine Dietrich aufwächst, und an seinen Erfahrungen teilnimmt. Auch wenn mir manches aus heutiger Sicht etwas unverständlich bleibt, so fasziniert die Entschiedenheit und das Engagement des Mannes, der in seinem Glauben so festen Halt fand, dass ihn auch die Todesstrafe nicht davon abhalten konnte, das zu tun, was er für richtig hielt.

Teste dich selbst!
Einem Schaubild Informationen entnehmen

SEITE 27

1

Mündliche Kommunikation	Schriftliche Kommunikation
persönliches Gespräch	E-Mails schreiben
Telefonieren	Chatten
	Briefe schreiben
	SMS schreiben

2

Über die Hälfte der Menschen halten das persönliche Gespräch für die angenehmere Form des Austauschs. Mit zunehmendem Alter schätzen die Personen das Gespräch mehr als andere Kommunikationsformen. Für fast 70 Prozent der über 60-Jährigen ist es die bevorzugte Kommunikationsform. Bei den jüngsten Befragten sind es nur 36 Prozent.

3

Jugendliche kommunizieren lieber über den Computer als am Telefon. Zwar wird von je 52 Prozent das Telefonieren und SMS-Schreiben genannt, aber am häufigsten genannt wird das Chatten im Internet (67 Prozent) und auch E-Mails sind eine weit verbreitete Form der Kommunikation (47 Prozent).

4

Das Schaubild zeigt, dass die Behauptung „Junge Leute schreiben nicht mehr!" nicht richtig ist. Jugendliche schreiben viele E-Mails und SMS gerne. Auch das Chatten im Internet erfolgt schriftlich und selbst Briefe werden von knapp 10 Prozent der Jugendlichen noch geschrieben. Am Computer schreiben Jugendliche gerne und viel.

Auswertung der Testergebnisse

11–10 Punkte

Prima! Du kannst Schaubilder auswerten und die Ergebnisse formulieren.

9–7 Punkte

Das ist schon ganz gut. Mit mehr Übung kannst du bald besser mit Schaubildern umgehen und sie für Argumente nutzen.

6–0 Punkte

Mit Schaubildern kann man dir noch leicht etwas vormachen. Arbeite die Aufgaben, die dir schwerfallen, mit einem Lernpartner durch. In Zeitungen und Zeitschriften findest du viele Schaubilder, mit denen du üben kannst.

Einen literarischen Text erschließen

SEITE 30

1 *So könnte deine Antwort lauten:*
Erste Eindrücke: Bei der Geschichte fällt mir auf, dass …
Ich finde es seltsam / erstaunlich / ungewöhnlich / überraschend, dass …
Der Anfang/das Ende … gefällt mir (nicht), weil …

2

Z. 1–22: Ich-Erzählerin steht als Kundin im Eingangsbereich des Geschäfts und beobachtet die Friseurin Margarethe, ihre Mutter.
Z. 23–38: Die Kundin spricht mit dem rothaarigen Lehrling. Sie setzt sich und wartet.
Z. 39–55: Sie denkt nach und schaut sich um.
Z. 56–84: Sie hört dem Telefonat der Mutter zu und zieht falsche Schlüsse. Sie verlässt den Laden und ist erleichtert.
Z. 85–94: Gespräch zwischen der Chefin Margarethe und der rothaarigen Angestellten.

3 a)

Hauptfiguren: die Ich-Erzählerin und die Chefin des Frisiersalons, Margarethe Schmidt

3 b)

Die Friseurin Margarethe: „herzhaftes Lachen", „blonde Kurzhaarfrisur", „ganz in Schwarz gekleidet", Margarethe Schmidt, „verheiratet", „tiefe Ringe unter den Augen", „Teint war sehr blass", „Chefin"

Ich-Erzählerin: „ehrgeizige, erfolgreiche Geschäftsfrau", „mich hatte noch nie interessiert, was andere von mir hielten", „große Blonde"

3 c) *So könnte dein Text lauten:*
Margarethe Schmidt trägt gerne schwarze Kleidung und hat kurzes, blondes Haar. Sie ist verheiratet und Chefin eines Frisiersalons. Ihr Teint ist blass und tiefe Augenringe sind sichtbar.
Die Ich-Erzählerin ist die Tochter von Frau Schmidt. Auch sie ist blond. Sie ist 25 Jahre alt und eine ehrgeizige und erfolgreiche Geschäftsfrau. Sie wirkt sehr unabhängig, da sie sagt, es interessiere sie nicht, was andere über sie denken.

4

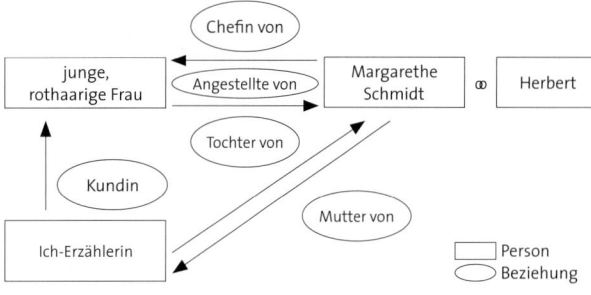

SEITE 31

5 a) *Ihre Fragen:*
– Ob sie mich wiedererkennen würde?
– Wollte ich meiner Mutter wirklich nach all den Jahren gegenübertreten?
– Wollte ich sie und vor allem mich mit der Vergangenheit konfrontieren?
– Was hatte ich denn erwartet?
– Hatte sie weitere Kinder?
– Was erwartete ich überhaupt? Eine Versöhnung?
– Wollte ich das wirklich? Was, wenn mir die Antworten nicht gefielen?

5 b)

äußere Handlung	innere Handlung
Ich griff nach einer Modezeitschrift […] blätterte darin […] legte […] die Zeitschrift wieder beiseite […].	Sie kann sich nicht konzentrieren, da ihr viele Gedanken durch den Kopf gehen, sie ist unruhig.
Ich rutschte unruhig auf dem Stuhl hin und her.	Sie ist nervös und unsicher.
Ich blickte auf den Boden.	„Mir war die Situation auf einmal unangenehm." → Sie fühlt sich unwohl, es ist ihr peinlich, das Gespräch mitzuhören.

6 a)

Die Erzählperspektive des ersten Teils ist die des Ich-Erzählers. Die Leserin/Der Leser kennt die Gedanken und Überlegungen der Ich-Erzählerin und sieht das Geschehen mit ihren Augen.

6 b)
Im letzten Abschnitt wechselt die Perspektive, da die
Ich-Erzählerin nicht mehr im Geschäft ist und nicht davon
berichten kann. Ein neutraler Erzähler übernimmt.

7
Anhand der Pronomen „ich, mich, mir" kann man erkennen,
dass es der Ich-Erzählerin nur um sich selber geht und nicht
um ihre Mutter.

SEITE 32

8

Textbeispiel		Eigene Umschreibung
Ich zuckte zusammen.	Ich erschrak sehr.	Es traf mich wie ein Blitz.
Riss mich aus meinen Gedanken.	Etwas Überraschendes passiert und lenkt mich ab.	Plötzlich wache ich aus meinen Tagträumen auf.
Auf der faulen Haut liegen.	Es sich gemütlich machen und entspannen.	Chillen
Ging es mir durch den Kopf.	Ich denke lange über eine Sache nach.	Gedanken beschäftigen mich.
Meine Gedanken drehten sich.	Ich kann an nichts anderes denken.	Die Sache geht mir nicht aus dem Sinn.

9
Die Frage der Ich-Erzählerin: Warum hat Mutter uns
verlassen?
Die Antwort spielt keine Rolle mehr für sie. Sie empfindet
Mitleid mit der Mutter, die kein einfaches Leben zu haben
scheint. Sie löst sich innerlich von der Mutter und schließt
mit ihrer Vergangenheit ab.

10 –

Teste dich selbst!
Einen literarischen Text erschließen

SEITE 34

1
Z. 1–11: Beschreibung der Tochter, Z. 12–38: Gedanken des
Vaters, Z. 38–48: Gespräch der beiden

2
Das Mädchen trägt auffällige Kleidung, einen sehr kurzen
Rock und lange Schals und schminkt sich. Ihr Zimmer zeigt,
dass sie sehr unordentlich ist. Sie hört laut Musik und ekelt
sich vor Spinnen.

3 a) *Unterstrichen ist:*
Lautstärke bedeutet für sie Lustgewinn. Teilbefriedigung
ihres Bedürfnisses nach Protest.
Sie fürchtet die Einengung des Blicks, des Geistes. Sie
fürchtet die Abstumpfung der Seele durch Wiederholung!

[Sie] betrachtet es als Ausdruck persönlicher Freiheit, die
unlustintensiveren zu ignorieren.

3 b)
Mit Hilfe der Erklärungen möchte er das Verhalten der
Tochter verstehen.

3 c)
Ellipsen (Z. 15, 16), Aufzählungen (Z. 22 ff.), rhetorische Frage
(Z. 19), Dreierfigur (Z. 28–30)

4 *Fragen, die der Erzähler sich selbst stellt:*
Könnte einer von ihnen sie verstehen, selbst wenn er sich
bemühen würde? Wie also könnte ich sie verstehen bei
diesem Nervensystem?
Die zwei Fragen zeigen das Thema des Textes: die Schwie-
rigkeit eines Vaters, ein 15-jähriges Mädchen zu verstehen.

5
Er will ihr sagen, dass sie ihr Zimmer aufräumen soll. In
einem ordentlichen Zimmer gibt es meist keine Spinnennester.

6 *Mögliche Stellungnahme:*
Das Mädchen ist eine typische Jugendliche, sie trägt etwas
auffälligere Kleidung, ist unordentlich und sie mag laute
Musik. Das alles ist nicht ungewöhnlich für junge
Menschen und ich finde das Mädchen außerdem sehr
schlagfertig und witzig. Die indirekte Aufforderung des
Vaters, endlich mal aufzuräumen, kontert sie sehr
geschickt.
Der Vater macht sich viele Gedanken, aber wenn er seine
Tochter erziehen will, muss er direkter auf sie einwirken. Er
sollte ihr ruhig deutlich sagen, was er von ihr will. Er
bemüht sich nur sie zu verstehen, aber ich denke, das ist
nicht der richtige Weg.

Auswertung der Testergebnisse
27–20 Punkte
Du verstehst sehr gut, was du liest. Bei regelmäßigem
Üben kannst du immer längere Texte bewältigen.
19–12 Punkte
Du brauchst noch etwas Übung. Finde Texte und Bücher
mit Themen, die dich interessieren.
11–0 Punkte
Regelmäßiges Training wird dir helfen. Es gibt viel zu
lesen. Finde ein Buch mit kurzen Kapiteln.

Ein Gedicht untersuchen

SEITE 35

1 *Mögliche Antwort:*
Das Gedicht ist schwer verständlich und ein bisschen
unheimlich.
Das Gedicht drückt aus, wie man sich in der Stadt fühlen
kann: einsam und alleine.

2
Strophe 1: Ä, Strophe 2: Ä, Strophe 3: I, Strophe 4: I

3 a)
Das Gedicht besteht aus vier Strophen. Die ersten beiden
haben je vier Verse. Strophe 3 und 4 haben je drei Verse.
Es handelt sich um ein Sonett.

3 b)
abba, cddc, efg, gef

3 c)
Trochäus (zweigliedriger Versfuß, auf eine betonte Silbe folgt eine unbetonte)

3 d)
Die Strophen mit 4 Versen, die Äußeres beschreiben, haben einen umarmenden Reim (abba). Bei den dreiversigen Strophen, die Inneres beschreiben, lautet das Reimschema: abc cab.

SEITE 36

4
<u>Dicht wie Löcher eines Siebes</u> stehn
Fenster beieinander, drängend fassen
Häuser sich so dicht an, dass die <u>Straßen</u>
<u>Grau geschwollen wie Gewürgte</u> stehn.

5
Die Vergleiche wirken beklemmend, die Enge wird verdeutlicht. Durch die Vergleiche wirkt die Enge der Stadt fast lebensbedrohlich.

6

Sprachliches Mittel	Erklärung	Beispiel	Beispiel aus „Städter"
Personifikation	Vermenschlichung einer Sache	Die Sonne lacht.	stehn Fenster beieinander
Alliteration	gleicher Anfangsbuchstabe bei aufeinanderfolgenden Wörtern	Du darfst das!	grau geschwollen wie Gewürgte
Ellipse	unvollständiger Satz	keine Ahnung	fühlt: alleine

7 *Mögliche Antwort:*
Die Stimmung des Gedichts ist bedrückend und beklemmend. Die Enge der Stadt wird durch den Vergleich „wie Gewürgte" als bedrohlich verdeutlicht. Auch die Alliterationen lenken den Blick auf die düstere Stimmung: „grau geschwollen" (V. 4), „wenn ich weine" (V. 10).

8 *Mögliche Antwort:*
Das Gedicht zeigt zunächst, wie eng und gedrängt die Menschen in der Stadt zusammenleben. Diese Enge verhindert wirkliche Nähe durch Gespräche, denn man bleibt lieber alleine und ist nicht offen für andere.
Ich persönlich habe ein besseres Bild vom Stadtleben und den „Städter(n)", es gibt viele Möglichkeiten, etwas zu unternehmen, und auch Kontakte kann man schließen und pflegen. Ich denke, auf dem Land ist man auch einsam, wenn man nicht auf Menschen zugehen kann.

SEITE 37

Teste dich selbst!
Ein Gedicht untersuchen

1
Das Gedicht besteht aus drei Strophen mit je drei Versen. Die Verse sind unterschiedlich lang.

2

Sprachliches Mittel	Textbeispiel	Wirkung
Vergleich	wie einen sanften Delphin	zeigt die Sehnsucht nach Nähe und Schutz
Personifikation	an einen gütigen Strand	Die Natur schenkt Hoffnung.
Ellipse	Fern der Küste von morgen	Durch die Kürze wirkt es sehr eindringlich.

3
Mit dem „Schwimmen" ist das Träumen bei Nacht gemeint. Das „Meer von Herzklopfen" kann für die Angst und Nervosität des Lyrischen Ichs stehen.

4 –

> **Auswertung der Testergebnisse**
> **12–9 Punkte**
> Du kennst lyrische Fachbegriffe und kannst Sprache und Form eines Gedichts entschlüsseln. Sehr gut!
> **8–4 Punkte**
> Gut gemacht. Du verstehst schon einiges von Gedichten. Mit etwas Übung wirst du mehr verstehen.
> **3–0 Punkte**
> Gedichte sind schwer. Arbeite die Seiten im Arbeitsheft nochmals mit einem Lernpartner durch.

Sprachvarianten untersuchen

SEITE 38

1

	Männer	Frau
Requisite	Laptops, Anzug und Krawatte	Zeitung
Sprache	viele englische und technische Begriffe	Umgangssprache

2 –

3

Der Sketch macht sich über den übertriebenen Gebrauch von englischen Wörtern lustig. Er kritisiert, dass Englisch auch dort benutzt wird, wo man deutsche Wörter zur Verfügung hat.

4

Display – Bildschirm, Monitor, news – Nachricht, on demand – auf Nachfrage / bei Bedarf verfügbar, Flatrate – nutzungsunabhängige Bezahlung

5 a)

A: ältere, höfliche Person, gutes vertrauensvolles Verhältnis zwischen Chef und Angestelltem

B: wirkt etwas umständlich oder unsicher, kann jüngere oder ältere Person sein

C: jüngere Person, Kontakt ist vielleicht auch privat, nicht rein geschäftlich

D: jüngere Person, verwendet viele englische Wörter, wirkt vielleicht etwas arrogant

E: emotionale junge Person, wird beruflichen Erwartungen nicht gerecht

5 b)

arrogant: D; höflich: A, B; distanziert: A, B; kumpelhaft: C, E; unsicher: B

6

Website, online, Internet, E-Mail, Mailbox, Account, chatten, mailen, Icon, surfen

7

mailen, Website, online, chatten

Teste dich selbst! Sprachvarianten

SEITE 40

1

aus einer Mädchenzeitschrift.

2

Der Leser / die Leserin wird geduzt. Es sind viele Kennzeichen der Jugendsprache vorhanden: Steigerungen mit „nur" und „voll", Wortneuschöpfungen wie „unkaputtbar".

3

Fachsprache	Jugendsprache
Businesslook	seriöse Geschäftskleidung, meist Anzug oder Kostüm/Hosenanzug
Casual Wear	bequeme Freizeitkleidung

4

Die Modebranche ist international und hat ein junges Publikum. Deshalb wird mit dem Englischen auch Modernität und Lifestyle transportiert.

5 a)

Tim spricht in Standardsprache, Tanja in Jugendsprache.

5 b)

Tim hat mit den standardsprachlichen Antworten mehr Chancen.

5 c)

Bei Tanja zeigt sich der modische Gebrauch des Englischen (shoppen, cool); außerdem Füll- und Steigerungswörter, die wiederholt werden (echt).

Auswertung der Testergebnisse

15 – 12 Punkte

Prima! Du kannst verschiedene Sprachvarianten unterscheiden und weißt, wann du welche verwenden solltest.

11 – 7 Punkte

Gut! Aber du solltest noch etwas genauer hinhören und dir die Unterschiede der verschiedenen Varianten klar machen.

6 – 0 Punkte

Sprachvarianten sind keine Fremdsprachen. Mit etwas Übung erkennst du die Unterschiede und kannst dich in verschiedenen Gruppen souverän bewegen, nicht nur unter deinen engsten Freunden.

Fachbegriffe erschließen

SEITE 41

1 a)

Duale Berufsausbildung ist eine Ausbildung, bei der man im Betrieb und in der (Berufs-)Schule lernt. Praxis und Theorie werden auf diese Weise gut verknüpft.

1 b)

gesteigerte Attraktivität: sie soll beliebter werden, mehr Zuspruch finden

ein Fokus liegt auf: besonders geachtet wird auf, im Blickpunkt steht

1 c)

Akquise vgl. Akquisition: Gewinnung von Neukunden, Arbeitsfelder: Callcenter, Fachberater, Handelsvertreter, Verkaufspersonal

1 d)

Mit diesem Programm sollen gut ausgebildete Fachkräfte für die Zukunft sichergestellt werden. Dazu sollen Ausbildungsplätze in neuen Berufen und zukunftsträchtigen Branchen angeboten und geschaffen werden.

SEITE 42

2

Der Film heißt „Slumdog Millionär". „Slumdog" ist eine abfällige Bezeichnung für die Bewohner der Slums in indischen Großstädten. Der Film erzählt, wie ein Slumbewohner in einer Quizsendung Millionär wird.

3

„Cliffhanger" ist ein Fachbegriff für einen hängenden Ausgang einer Handlung, der Fragen offenlässt. Dieser Effekt wird oft in Serien eingesetzt.

4

Präfix	Bedeutung
Post-	nach/hinter
Anti-	gegen
Bio-	Leben
Geo-	Erde
Auto-	selbst
Ex-	aus/heraus

Präfix	Bedeutung
Sub-	unter
Non-	nicht/un-
Multi-	viele
Re-	wieder
Demo-	Volk
Inter-	dazwischen, mitten

5

-log: Dialog – Unterhaltung, Zwiegespräch; Prolog – Vorrede beim Theater; Monolog – einer spricht alleine

-kratie: Demokratie – Volksherrschaft; Aristokratie, Herrschaft des Adels; Bürokratie – Verwaltungsbedarf

-itis: Neurodermitis – Hauterkrankung; Rachitis – Krankheit als Folge von Vitamin-D-Mangel; Bronchitis – Entzündung der Bronchialschleimhäute

Teste dich selbst!
Fachbegriffe erschließen

SEITE 43

1 a)

logistische Prozesse, Kommissionier- und Transportsysteme, Dokumentationssysteme, Rehabilitationsklinik, Diätthe-rapien, Produktpräsentation, kreative Konzepte, Agentur

1 b)

logistische Prozesse: den Transport von Material betreffend,
Dokumentationssystem: Alle Vorgänge müssen schriftlich notiert (dokumentiert) werden, es gibt eine bestimmte Art und Weise, ein System, wie dies zu geschehen hat.
Rehabilitationsklinik: ein Krankenhaus, in dem man durch die Krankheit erfahrene Einschränkungen wieder aus-gleichen lernt, auf die Rückkehr in den Alltag vorbereitet wird
Diättherapien: speziell ausgesuchte Nahrung, die die Gesundheit fördert
Produktpräsentation: ein neues Produkt wird vorgestellt

1 c)

Berufsfelder:
Zu 1: **Logistikassistent/in**, Hinweis: logistische Prozesse, sie arbeiten meist in Transport und Speditionsunternehmen
Zu 2: **Diätassistent/in**, Arbeitsfeld: außer den Kliniken auch Senioreneinrichtungen, Apotheken und Wellness-Resorts oder bei der Lebensmittelproduktion
Zu 3: **Event-Manager/in**, Arbeitsfeld: Sie arbeiten häufig in Eventagenturen oder bei Werbeagenturen, Messeveran-stalter oder in der Marketing-Abteilung großer Unternehmen.

2

Derm-a-to-logisch, Neuro-derm-itis, Epi-derm-is: Gemeinsam ist derm – Haut, alle Fremdwörter haben etwas mit Haut zu tun: vom Hautarzt getestet, die Entzündung der Haut, die oberste Schicht eines Blattes. Chron-ik, chron-o-logisch, chron-isch: Gemeinsam ist chron – Zeit, alle Begriffe haben etwas mit der Zeitdauer zu tun: die Chronik als ein Buch mit Familiengeschichte, chronolo-gisch bedeutet in zeitlicher Reihenfolge, eine chronische Krankheit ist eine dauernde Erkrankung.

3

Der Text stammt vermutlich aus einer Fachzeitschrift, denn es werden neben den Fremdwörtern auch viele Fachbe-griffe verwendet. Die Fremdwörter zeigen auch, dass der Text für gebildete Leser gedacht ist.

Auswertung der Testergebnisse
17–10 Punkte
Fremdwörter sind für dich kein Problem! Glückwunsch!
9–5 Punkte
Das eine oder andere Fremdwort macht dir noch Schwierigkeiten. Frage bei Gesprächen ruhig einmal gezielt nach, wenn du Wörter nicht verstehst.
4–0 Punkte
Unsere Welt wird kleiner und im „Global Village" muss man auch Fremdwörter verstehen. Erstelle dir eine Vokabelliste zum Lernen!

Nomen und Pronomen

SEITE 44

1 *So könnte der Text lauten:*
Die Eisenbahn ist eine der wichtigsten Erfindungen. Früher und noch heute sind drei Dinge notwendig, damit sie fährt: das Rad, die Schiene und ein Antrieb.
Die Eisenbahn half, weite Räume zu erschließen. Sie verbindet noch heute Länder und Kontinente miteinander. Sie machte das Reisen preiswert. Auch der Wirtschaft brachte sie Vorteile: Güter können schneller und in großen Mengen von A nach B transportiert werden. Die Eisenbahn zählt zudem zu den umweltfreundlichen Transportmitteln und wird deshalb eine Zukunft haben. Selbst nach 200 Jahren sind die Grenzen der Technologie für sie noch nicht erreicht.

2

Die Mutter und ihr Kind verstehen sich. Das Kind lebt bei der Mutter. Von dem Vater sehen und hören Mutter und Kind wenig. Das Kind möchte in die Disco. Die Mutter fragt den Vater am Telefon. Er möchte nicht, dass das Kind in die Disco geht. Die Mutter erklärt ihm, warum ein Verbot schlecht ist. Er dankt ihr. Das Kind muss mit dem Vater in die Disco.
Das Kind kauft eine Karte für das Fußballspiel für den Vater. Das Kind gibt der Mutter die Karte. Der Vater fragt das Kind nach der Karte. Es zeigt auf die Mutter. Sie sucht die Karte. Das Kind hilft ihr beim Suchen. Endlich! Die Mutter ist fündig geworden. Sie zeigt dem Vater die Karte. Er bekommt die Karte von ihr.

Das Partizip I verwenden

SEITE 45

1

Partizip I	Verb
kommend	kommen
ablaufend	ablaufen
(fest-)setzend	festsetzen
stehend	stehen
messend	messen
sich erinnernd	sich erinnern
organisierend	organisieren

2
– die lesende Lena
– drei die Tafel wischende Mädchen
– der lachende Paul
– zwei streitende Jungen
– zu lösende Matheaufgaben
– der den Tisch Bemalende
– die umfallende Schultasche
– der schreibende Semin
– die zeichnende Büsra
– der in sein Buch schmierende Jona
– der essende Max
– der Musik hörende Tanakan
– das klingelnde Handy
– der telefonierende Robin

SEITE 46

3
bahnbrechende

4 a)
Es sollen Insulin produzierende Zellen eingepflanzt werden.

4 b)
Der Rohstoff besteht aus vor der chilenischen Küste wachsenden Algen.

5 a)
Damit das Immunsystem sie nicht zerstört.

5 b)
Werden sie auf einer nanostrukturierten Oberfläche eingefroren, sind sie nach dem Auftauen funktionsfähig.

Mit Verben Zeitformen bilden

SEITE 47

1

Rot	Grün	Blau
ist, kann, benötigt, kann	eingeschaltet hat	war, wurde, war, konnte, musste, bekam, gingen, hatte, erzählte, las, lud ein, applaudierten, betrat

2

Präsens	Präteritum	Perfekt
ist/sind	war/waren	ist/sind gewesen
hat/haben	hatte/n	hat/haben gehabt
muss/müssen	musste/n	hat/haben müssen
betreten	betrat/en	hat/haben betreten
lesen	las/en	hat/haben gelesen

Aktiv und Passiv verwenden

SEITE 48

1 *So könnte dein Text lauten:*
Die Fensterscheibe wurde zerbrochen. Der Kleiderschrank und der Schreibtisch wurden durchsucht. Leere CD-Hüllen und Bücher wurden umhergeworfen. Schwer festzustellen, ob etwas entwendet wurde. Ein Computer wurde offensichtlich gestohlen. Die Papiere, wahrscheinlich wichtige Dokumente, wurden zerrissen.

2
Die Täter haben mit einem Stein die Scheibe eingeworfen, das Glas zerbrach, dann drangen sie durch das Fenster ins Büro ein. Bücher und CD-Hüllen warfen sie bei ihrer Suche achtlos weg. Die Dokumente haben sie zerrissen und einen Computer gestohlen. Bleibt die Frage, ob es ihnen um den Computer ging oder eher um die Daten auf dem Computer.

Konjunktiv I und II

SEITE 49

1 *Ma Xiuxians Wünsche:*
– den Kindern bei den Hausaufgaben helfen
– die Verträge verstehen
– einen gutbezahlten Beruf ausüben
– in einem schönen Büro sitzen

2
schriebe ich Nachrichten, gäbe ich eine schriftliche Bestellung auf, schickte ich meiner Schwester einen Brief (würde ... schicken), suchte ich einen Film ... aus (würde aussuchen), erzählte ich (würde ich erzählen) anderen von gelesenen Neuigkeiten, beschwerte ich mich schriftlich

Teste dich selbst!
Wortarten

SEITE 50

1
Ina hat einen Bruder. Er heißt Tom. Sie muss auf ihn aufpassen. Er spielt gerne mit seinem Ball. [...] Tom wirft den Ball, Ina soll ihn fangen. Aber sie fängt ihn nicht. Er landet im Wohnzimmer. „Tor", ruft Tom und lacht. Zum Glück war das Fenster offen.

2 *Nachwuchsforscher präsentieren **ihre** Erfolge auf großen Messen:*

Frederik Ebert (17) aus München stellt auf der Hannover Messe **sein** körperunterstützendes Roboteraußenskelett vor. Mit Hilfe **dieses** innovativen Systems können Menschen bei schweren Arbeiten entlastet und bei Behinderungen unterstützt werden. Frederik hat einen Roboterarm mit einer mobilen Plattform entwickelt, in die sich der Nutzer hineinstellt. Durch den Roboter wird **er** beim Heben und Bewegen von Lasten unterstützt. Eine Sensorik erkennt **seine** Bewegungswünsche und leitet **diese/sie** an einen Computer weiter, **er/dieser** steuert die Motoren des Roboterarms entsprechend.

Timo Joos (18) und Nadine Müller (19) aus Waiblingen zeigen auf der CeBIT **ihre** intelligente Anhängerkupplung, die das Rückwärtsfahren mit einem Anhänger erleichtert. Bisher ließ sich **dieser** nur indirekt über die Bewegung des Fahrzeugs lenken und verhielt sich häufig anders als erwartet. Die Zusatzlenkung der Jungforscher löst **dieses** Problem.

SEITE 51

3 a), b)

Der schreibende Mann ist ein bekannter Schriftsteller.
Das gelesene Buch legt die Frau auf den Stuhl.
Der Zeitung lesende Mann sitzt hier jeden Tag.
Das lachende Kind bekommt ein Eis.
Die das Eis servierende Bedienung trägt die Haare hochgesteckt.
Sie bringt auch einen mit Kiwis belegten Kuchen.

4

Plusquam-perfekt	Präteritum	Perfekt	Präsens
hatte ver-schwiegen	war, kam, war schuld	habt be-kommen, habe mich ange-strengt	ist, weiß, gibt, haben, scheint zu kennen, will, lernst, verlangen

SEITE 52

5

Die Letzten ihrer Art

Heute ist der Mensch der größte Artenvernichter [...] Einst lebten drei bis fünf Milliarden Wandertauben in den USA. Wenn sich die Tiere für den Zug nach Süden sammelten, verdunkelte sich tagelang die Sonne, heißt es in den Berichten von damals. Doch die Wälder, in denen die Vögel lebten, wurden abgeholzt. Millionen Tauben wurden abgeschossen. Seit knapp hundert Jahren ist der schlanke, anmutige Vogel ausgerottet.

6

Kein Flussdelfin wurde 2006 mehr im Jangtse gefunden.
Der Dodo, ein flugunfähiger Vogel, wurde von Siedlern auf Mauritius gegrillt.
Wale und Delfine wurden von japanischen und norwegi-schen Fischern in großer Zahl getötet.

Auch neue Tierarten wurden von Forschern entdeckt. Der Truong-Son-Muntjak, eine Hirschart, die bellt wie ein Hund, wurde von Forschern am Mekong gesichtet.

7 *Mögliche Antworten:*
Wenn ich ein Jahr in Tokio lebte,
... würde ich Japanisch lernen.
... kleidete ich mich wie eine Comic-Figur.
Wenn meine Freunde mir einen Streich spielten,
... wäre ich ihnen böse.
... würde ich mit ihnen lachen.
Wenn ich mich in eine Ameise verwandelte,
... sähe ich die Welt mit anderen Augen.
... müsste ich viele Aufgaben übernehmen.

Auswertung der Testergebnisse

54 – 40 Punkte
Sehr gut! Du kannst mit Nomen und Verben in allen Formen umgehen und sie sinnvoll verwenden. Weiter so!

39 – 20 Punkte
Gut gemacht. Untersuche, wo du nicht alle Punkte erreicht hast, und arbeite die Übungen nach.

19 – 0 Punkte
Übung macht den Meister! Arbeite die Seiten zu Verben und Nomen nach.

Satzglieder

SEITE 53

1

Wo wächst die Pflanze?	in den deutschen Weinanbaugebieten
Wann stirbt die Pflanze?	bei Frost
Wann kann sie geerntet werden?	von Mai bis Oktober
Wie oft?	dreimal
Wo kann sie Landwirten ein Einkommen sichern?	im Süden des Landes

2

Das Extrakt, das aus den Blättern der Pflanze gewonnen wird, heißt Steviol-Glykosid.
Das aus den Blättern der Pflanze gewonnene Extrakt ...
Haushaltszucker, der aus Zuckerrohr oder Zuckerüben hergestellt wird
der aus Zuckerrohr oder Zuckerüben hergestellte Haushaltszucker
Der Süßstoff, der in der Europäischen Union noch nicht zugelassen ist [...]
Der in der EU noch nicht zugelassene Süßstoff ...

SEITE 54

3 a)

Das unscheinbare Kraut heißt Stevia. Davon gibt es über hundert verschiedene Arten. Es wächst im subtropischen Klima und wurde in Paraguay entdeckt. Von den Guarani-Indianern wird es schon lange zum Süßen ihres Mate-Tees verwendet.

3 b)

Die Informationen sind gleich. Der zweite Text mit mehr Sätzen, die aber kürzer sind, ist einfacher zu lesen.

4 a) *Satzgefüge:*

<u>Während die Weltgesundheitsorganisation (WHO) 2008 die Sicherheit von Stevia-Süßstoffen festgestellt hat, wird in der EU noch um die Zulassung gekämpft.</u>
In Japan und in vielen anderen Ländern in Asien ist der natürliche Süßstoff bereits in vielen Lebensmitteln wie Joghurt, Eiscreme oder Limonaden enthalten, und auch in den USA kann man Stevia-Produkte ohne Probleme erwerben. <u>In all diesen Ländern bezweifelt niemand mehr, dass der Stoff für den menschlichen Verzehr geeignet ist und seine Vorteile für eine gesunde Ernährung genutzt werden können.</u> Auch die südamerikanischen Ureinwohner verwenden die Pflanze seit langer Zeit.

4 b) *Satzreihen:*

<u>Die großen Lebensmittelkonzerne interessieren sich sehr für den neuen Stoff mit den positiven Eigenschaften und sie denken über die vielfältigen Einsatzmöglichkeiten nach.</u>
Es gibt beispielsweise bereits Schweizer Schokolade mit Stevia-Süße. <u>An deutschen Universitäten wird fleißig geforscht, damit wir mehr über den Anbau und die Behandlung der Pflanzen wissen.</u>

4 c) *Das sind mögliche Lösungen:*

Frage	Präpositionalobjekt
Worum wird in der EU gekämpft?	um die Zulassung von Stevia
Wofür interessieren sich die großen Konzerne?	für den neuen Stoff mit den positiven Eigenschaften
Worin ist der Stoff bereits enthalten?	in vielen Lebensmitteln wie Joghurt, Eiscreme und Limonaden
Wofür ist der Stoff geeignet?	für den menschlichen Verzehr, zum Süßen
Worüber denken die Lebensmittelkonzerne nach?	über die Einsatzmöglichkeiten

5 *Folgende Passagen können gestrichen werden:*

In Japan und in vielen anderen Ländern in Asien ist der natürliche Süßstoff bereits in vielen Lebensmitteln wie Joghurt, Eiscreme oder Limonaden enthalten, und auch in den USA kann man Stevia-Produkte ohne Probleme erwerben. In all diesen Ländern bezweifelt niemand mehr, dass der Stoff für den menschlichen Verzehr geeignet ist ~~und seine Vorteile für eine gesunde Ernährung genutzt werden können. Auch die südamerikanischen Ureinwohner verwenden die Pflanze seit langer Zeit.~~
Die großen Lebensmittelkonzerne interessieren sich sehr für den neuen Stoff mit den positiven Eigenschaften und sie denken über die vielfältigen Einsatzmöglichkeiten nach. ~~Es gibt beispielsweise bereits Schweizer Schokolade mit Stevia-Süße.~~ An deutschen Universitäten wird fleißig geforscht, damit wir mehr über den Anbau und die Behandlung der Pflanzen wissen.

Teste dich selbst!
Satzglieder

SEITE 55

1

Ein Experiment mit Ratten	zeigt	die Suchtwirkung von Zucker.
Subjekt	Prädikat	Akkusativobjekt

Das Experiment	führten	Neuro-wissen-schaftler der Princeton University	im US-Bundesstaat New Jersey durch.
Akkusativ-objekt	Prädikat	Subjekt	adverbiale Bestimmung des Ortes

2 *Mögliche Lösung:*

Der Versuch: Die Testratten erhielten kein Frühstück, damit sie Heißhunger entwickelten. Als die Forscher dann Futter und Zuckerwasser bereitstellten, stürzten die Tiere sich auf das Zuckerwasser.

3 a) *Adverbiale Bestimmungen:*

Wo? in bestimmten Hirnregionen, vor allem im Belohnungszentrum
Wann? zunächst, nach dem Essen, mit der Zeit, beim nächsten Mal

3 b) *Ohne Informationsverlust streichbar:*

in bestimmten Hirnregionen, mit der Zeit, beim nächsten Mal

4

Mit der Zeit wurden die Ratten vom Zucker abhängig. Wenn sie keinen Zucker bekamen, setzten sie alles daran, ihr Verlangen anders zu stillen: Sie tranken mehr Alkohol und reagierten sehr empfindlich auf Aufputschmittel.
Die Wissenschaftler, ~~die diese Experimente durchführten und auswerteten,~~ deuten dies als Hinweis darauf, dass sich die Hirnfunktionen der Tiere durch dieses Experiment dauerhaft verändert haben. Hinzu kommt, dass die Ratten, die eigentlich für ihre Neugier bekannt sind, sich in der abstinenten Zeit, also in der Zeit ohne Zucker, zu richtigen Angsthasen entwickelten: ~~Sie klapperten mit den Zähnen und trauten sich kaum noch aus dem überdachten Bereich ihrer Käfige heraus.~~

Auswertung der Testergebnisse

15 – 12 Punkte
Profis am Werk! Du kannst Sätze gut analysieren und verständlich formulieren.

11 – 7 Punkte
Gut gemacht. Kleine Probleme sind durch regelmäßiges Üben zu lösen.

6 – 0 Punkte
Lange Sätze sind für dich schwer zu verstehen. Übe, indem du Sätze zerlegst und die Satzglieder bestimmst.

Fremdwörter verstehen und richtig schreiben

SEITE 56

1

Bei uns lag in diesem Winter so viel Schnee, dass wir diesmal auch zu Hause super **Snowboard** fahren konnten. Da ziemlich viele mit ihrem Board den Hang heruntersausten, beschlossen wir einen **internen Snowboard-Cup** zu veranstalten. Es war spannend wie in einem **Thriller**! Da jeder den ersten **Ollie** zeigen und Jannik wie immer ziemlich **cool** sein wollte, kam es zum **Crash** mit Tom. Wir mussten den Arzt holen. Der **coolste** Snowboarder war Jonas – der bekam das **Pseudonym** „Snowboard-Champion Nr.1". Unsere **Clique** jubelte und gab Jonas ein positives **Feedback**. Sogar ein **Journalist** der örtlichen Zeitung **interessierte** sich für ihn.

2 a), b)

Englisch

Thriller	Krimi
Crash	Zusammenstoß
Snowboard	Schneebrett
Cup	Wettbewerb, sportlicher Wettkampf
cool	kühl, furchtlos
Feedback	Rückmeldung
Ollie	Sprung mit einem Skateboard

Französisch

Journalist	jemand, der für eine Zeitung arbeitet
interessieren	Anteil nehmen
Clique	informelle Gruppe
Champion	Sieger eines Wettkampfes

Griechisch

Pseudonym	falscher Name

Lateinisch

intern	innerhalb, inwendig

SEITE 57

3

die Strophe, der Asphalt, der Diphthong, die Atmosphäre, die Katastrophe, euphorisch, die Metapher, das Phänomen

4 a)

das Stethoskop, die Mathematik, der Panther, der Athlet, die Diskothek, der Rhythmus, synthetisch, die Orthografie, die Bibliothek, die Theke

4 b) –

5

Bibliothek	Blamage	
Afghane	Asphalt	Euphorie
Zofen	Dirigent	Blizzard
Pizza	Matratze	Reportage
Partei	Palazzo	Motor

Teste dich selbst! Fremdwörter

SEITE 58

1 a)

Champion: Sieger, Champignon: Pilzart; Coach: Trainer, Berater, Couch: Sofa; Etikett: Hinweisschild, Etikette: Benimmregeln; Intuition: Eingebung, Institution: Einrichtung; Kompott: eingekochtes Obst, Komplott: Verschwörung; Parkett: Bodenbelag aus Holzdielen, Baguette: französisches Weißbrot; Sympathie: Zuneigung, Sinfonie: Musikstück

1 b)

Sie ähneln sich in ihrer Aussprache.

2

Cluster, Examen, Seismograph, Pommes frites, Sound

3

das Schiff antäuen, den Unfall beteuern, ein teures Vergnügen,
das plärrende Baby, die rausgehängte Fischreuse,
die bekanntesten Schiffshäfen, die sich neckenden Freunde,
das grässliche Erlebnis, die thematische Vorstellung

4

Havarie – havarieren
Ironie – ironisieren
Theorie – theoretisieren
Philosophie – philosophieren
Mikroskopie – mikroskopieren
Fotokopie – fotokopieren
Allegorie – allegorisieren

> **Auswertung der Testergebnisse**
> **38–30 Punkte**
> Du bist schon ein richtiger Profi in Sachen Fremdwörter.
> **29–19 Punkte**
> Du kannst schon viele Aufgaben lösen. Durch weiteres Üben wirst du noch sicherer werden.
> **18–0 Punkte**
> Fremdwörter sind nicht leicht. Schaue dir die entsprechenden Seiten im Schülerband noch einmal an.

Verbindungen aus Nomen und Verb

SEITE 59

1

Fahrrad fahren, Fußball spielen, Angst haben, Tennis trainieren, Freundschaft schließen, Rede halten, Recht sprechen, Entscheidung treffen

2

Wenn wir im Skiurlaub sind, werden wir oft zum Skilaufen gehen.
Das Angsthaben sollte man sich vor der Nachtwanderung abgewöhnen.
Das Spaßhaben ist die Grundvoraussetzung für Freude an den meisten Spielen.
Schwimmengehen, Sporttreiben und Musikhören sind beliebte Freizeitbeschäftigungen.

3

Frau Meier hofft, in der neuen Firma **Fuß fassen** zu können.
Das ewige **Angsthaben** bringt dich auch nicht voran.
Das **Snowboardfahren** hat Till im Skiurlaub gelernt.
Peter zeigte in der Pause, wie toll er **Kopfstehen** kann.
Vor der Mofaprüfung brauchst du doch keine **Angst haben**.

Verbindungen mit einem Verb

SEITE 60

1

musizieren können, sitzen bleiben, kennen lernen,
schwimmen trainieren, spielen üben, starten lassen

2

getrennt geschrieben	zusammengeschrieben
Ich bin nicht farbenblind, ich kann schwarz sehen.	Man sollte besser optimistisch sein und nicht zu sehr schwarz-sehen.
Auf diesem breiten Weg kann ich sicher gehen.	Ich möchte sichergehen, dass du alles hast, was du brauchst.
Aus dieser Höhe kann man schwer fallen.	Es wird den Eltern schwerfallen, ein Jahr ohne ihr Kind zu sein.

Verbindungen mit sein

SEITE 61

1

Jeder Fan von Robotern und Fußball möchte mal bei der
Robo Cup Soccer, der Weltmeisterschaft im Roboter-Fußball,
dabei sein. Bruno, das ist der Stürmerstar der Darmstadt
Dribblers. So ein RoboTOR muss sehr **gelenkig sein**, denn er
kann den Kopf drehen und über die Schulter schauen.
Durch das Verhaltensprogramm, welches auf dem
Haupt-PC am Roboterrücken befestigt ist, kann dieser
intelligent sein. Bruno sollte **gesprächig sein**, denn über
WLAN spricht er mit seinen Teamkollegen. So ein RoboTOR
sollte auch extrem **sportlich sein**, er muss in einer Sekunde
40 cm weit rennen. Seine Beine müssen **beweglich sein**,
damit er Tore schießen kann. Selbstverständlich sollte so
ein Stürmerstar auch **freundlich sein** und mit seinen
flexiblen Armen den Fans zuwinken.

2

Für einen echten RoboTOR-Fan ist das Dabeisein beim Robo
Cup Soccer alles. Das Gelenkigsein kann der Roboter ebenso
gut wie Intelligentsein. Sein Gesprächigsein erreicht er über
WLAN. Sein Beweglichsein braucht er zum Toreschießen.
Das Freundlichsein gehört ebenfalls dazu, denn die Fans
sind dankbar.

Teste dich selbst!
Getrennt oder zusammen?

SEITE 62

1

René Adler, Manuel Neuer und Tim Wiese sind außergewöhnlich gute Torwarte, welche die meisten Bälle halten
können / ~~haltenkönnen~~. Doch wer wirklich zur WM das
deutsche Tor hüten sollte / ~~hütensollte~~, wird nicht nur an
Stammtischen diskutiert. Ganz offiziell werden Statistiken
bemüht / ~~Statistikenbemüht~~ und Fehler analysiert /
~~Fehleranalysiert~~. Doch auch in der Bundesliga wurde die
Unantastbarkeit des Torhüters fast ~~voll ständig~~ / vollständig
abgeschafft. Wichtig für alle drei: Ein Torhüter sollte
kerngesund sein / ~~kerngesundsein~~, siehe Manuel Neuer.

2 a)

Rad fahren, Ballett tanzen, Inliner fahren, Musik hören,
Mathe lernen, Ferien haben

2 b)

das Radfahren, beim Balletttanzen, durch das Musikhören,
das Inlinerfahren, beim Mathelernen, das Ferienhaben

3

Beim Badengehen sollte man entsprechend trainiert sein.
Durch Sitzenbleiben erhält sie keinen Abschluss.
Zum Fertigsein gehört, alles richtig gelöst zu haben.
Das Ferienhaben ist erholsam.

4

Tim ist schlecht gelaunt aus dem Urlaub zurückgekehrt.
Katja meint, dass es ihr seit gestern schlechtgehen würde.
Der Direktor trägt einen schwarz gestreiften Anzug.
Wir haben im Garten einen schwarzköpfigen Singvogel
gesehen.

Auswertung der Testergebnisse
26 – 20 Punkte
Klasse! Du bist sehr gut.
19 – 13 Punkte
Die meisten Aufgaben kannst Du schon richtig lösen. Du
solltest aber die Merksätze zur Getrennt- und Zusam-
menschreibung noch einmal wiederholen.
12 – 0 Punkte
Lies dir die Regeln zur Getrennt- und Zusammen-
schreibung noch einmal durch und dann versuche die
Aufgaben noch einmal zu lösen.

Nomen und Nominalisierungen

SEITE 63

1

das teuerste Rennpferd, die Kameras, das Springpferd,
in Pose, Brust, Hals, zur Ehrenrunde, im schwungvollsten
Galopp, diese Stute, ein eiserner Siegeswille,
ihr Reiter, Gilbert Böckmann, der Stute, Favorit, im Rennen,
aller Rennen, Munich Classics, in München, diese
Luxusstute, unter enormem Druck, ein fehlerfreies Rennen

2 a)

Sicherheit, Wichtigkeit, Munterkeit, Schönheit, Ärgernis, Achtung, Wachstum, Eignung, Einsamkeit, Faulheit, Ergebenheit, Hindernis, Lustigkeit, Grausamkeit, Traurigkeit, Freundlichkeit, Gefangenschaft, Heiterkeit, Bemühung, Trennung

2 b)

Das Ärgern von anderen Kindern ist verboten.
Die Eignung des Fahrzeugs wird beim TÜV überprüft.
Beim Faulen des Apfels entstehen Gerüche.
Der Bankräuber wurde beim Einbrechen festgenommen.
Ein Hindern der Weiterfahrt ist verboten.
Dein Bemühen um gute Mitarbeit ist lobenswert.
Eine Trennung der beiden Tiere ist ratsam.

Groß- und Kleinschreibung in festen Wendungen

SEITE 64

1

Über Neuseelands Zauber
Im Allgemeinen hört man über Neuseeland nur **das Beste**. Vom eigenartigen Zauber dieser atemberaubenden Landschaft wird **im Wesentlichen** jeder Besucher in seinen Bann geschlagen. Das üppige Grün dieser subtropischen, menschenleeren Landschaft bildet **im Großen und Ganzen** einen Kontrast zu den türkis schimmernden Meeresbuchten.
Besonders eindrucksvoll sind auch die bizarren Felsformationen, welche sich oberhalb des Meeres erheben.
Das Beste an Neuseeland ist die 15.134 Kilometer lange Küste: So wird der Strand zum neuseeländischen Lebensgefühl und lässt nicht das geringste Gefühl von Langeweile aufkommen: schwimmen, Boot fahren oder einfach nur ein Sonnenbad gehören hier zum Alltag.

2

Ich hole dir ein Glas Wasser, damit du nicht auf dem Trockenen sitzt.
Im Übrigen ist dieses Argument nicht so wichtig.
Ich hoffe, du ziehst nicht den Kürzeren.
Sie lebt im Hier und Jetzt.
Im Wesentlichen ist es das gleiche Auto.
Es weicht nicht im Geringsten ab.
Die Polizei tappte lange im Dunkeln.
Im Trüben zu fischen kann sehr ermüdend sein.
Im Folgenden liste ich alle Argumente dafür auf.
Alles Weitere erfahren wir nächste Woche.

Zeitangaben schreiben

SEITE 65

1

Am **Sonntagabend** ging es los. Wir fuhren mit dem Auto zum Kölner Flughafen, um ins warme Ägypten zu fliegen. Kaum vorstellbar, dass wir **montagnachmittags** schon am Strand liegen würden! Gegen 5 Uhr **morgens** sind wir in Hurghada gelandet. Etwas müde, aber total überwältigt von der Landschaft und dem Hotel trafen wir uns um 12:00 Uhr **mittags** im Restaurant. Nachdem wir das erste Mal im türkisblauen Meer gebadet hatten, sonnten wir uns bis zum späten **Nachmittag**. Für **Montagabend** planten wir eine Strandwanderung ein. Bei weißem, weichem Sand und dem kristallklaren Wasser fühlten wir uns wie in einem Märchen.

2

Den Rest des Vormittags verbringe ich gerne lesend oder ich chatte mit Freunden. Am Samstagnachmittag treffe ich mich mit Freunden oder manchmal gehe ich mit meinen Eltern einkaufen. Abends gehe ich gerne ins Kino. Sonntags schlafen wir auch aus oder stehen früh auf und machen einen Ausflug: Wandern, Erlebnisbad, Museum. Sonntagnachmittags packe ich meine Schulsachen. Manchmal mache ich noch Hausaufgaben, die ich freitags vergessen habe, oder lerne für eine Klassenarbeit. Am Sonntagabend darf ich nicht mehr lange aufbleiben – montags ist schließlich wieder Schule.

Die Welt der Zahlen

SEITE 66

1

Mein Vater war Dorfschullehrer und züchtete nebenbei Kaninchen und Hühner, um uns **neun** Kinder großzuziehen. Er hat mich im Alter von **fünf** Jahren auf den höchsten Gipfel der Geislerspitze mitgenommen. Der Suss Rigais ist 3027 m hoch und war mein **erster Dreitausender**. Die Alpen zählen zu meinen Favoriten, die unvergleichliche Naturschönheiten aufweisen. Immerhin zieht sich der Alpenbogen über **acht** Länder. In den Alpen leben **zwölf Millionen** Menschen. Mehr als **hundert** Millionen Menschen kommen jedes Jahr als Besucher dazu.

2

In den Teig gehören vier **Achtel** Liter Sahne.
Der Läufer war drei **Hundertstel** Sekunden schneller als ich.
Man nehme drei **Achtelliter** Wasser und zwei Esslöffel Zucker.
Der Hamster wiegt bereits ein **viertel** Kilogramm.
Mit drei **Hundertstelsekunden** Vorsprung erreichte das Rennpferd das Ziel.

Eigennamen, Straßennamen und feste Verbindungen

SEITE 67

1 a), b)

Wir lesen im Deutschunterricht Gedichte von Friedrich Schiller.
Eine Freundin wohnt in Berlin in der Straße Unter den Linden.
Torres Freund besuchte vor Kurzem die Chinesische Mauer.
Wir staunten über die Größe der Blauen Grotte in Kroatien.
Uwe ist für die Elektrik beim Deutschen Bundestag zuständig.
In den Sommerferien verreisen wir an den Atlantischen Ozean.
Das Alte Testament liest sich wie eine spannende Geschichte.

2

Der **Berliner Fernsehturm** befindet sich auf dem **Alexanderplatz**.

Am liebsten esse ich **italienische** Pasta.

Der **Kölner Dom** ist eines der größten Bauwerke des Mittelalters.

Der **Dreißigjährige Krieg** endete mit dem **Westfälischen Frieden**.

Wenn sich der Spieler nicht an die Regeln hält, zeigt man ihm die **Rote Karte**.

Wir können uns am **Schwarzen Brett** informieren, wann die Veranstaltung beginnt.

Meine Eltern feiern **Silberne Hochzeit**.

Teste dich selbst!
Groß oder klein?

SEITE 68

1 a), b)

der Mut – der Mut; das Tor – die Tore;
die Maus – die Mäuse; der Weg – die Wege;
das Ergebnis – die Ergebnisse; das Boot – die Boote;
die Sonne – die Sonnen; die Zelle – die Zellen;
der Lauf – die Läufe; das Blatt – die Blätter;
der Spiegel – die Spiegel; die Wolke – die Wolken

2

Unsere Wüstenfahrt

In der **Wüste** kann man einige **Überraschungen** erleben. Auf einer unserer **Wüstentouren** haben wir mal eine sehr unangenehme **Überraschung** erlebt.

Kurz vor unserem **Ziel** war plötzlich die gut ausgebaute und befestigte **Straße** unter einer meterhohen **Düne** verschwunden. Wir wollten das **Hindernis** umfahren, blieben aber trotz unseres **Allradantriebes** im **Sand** stecken. Alle mussten zur **Schaufel** greifen und **Holzbretter** unter alle vier **Räder** legen. Das **Flottmachen** hatte funktioniert. Unsere **Tour** konnte ungehindert weitergehen.

Auswertung der Testergebnisse
26 – 21 Punkte
Du bist super!
20 – 13 Punkte
Die meisten Aufgaben hast du richtig gelöst. Durch eine Wiederholung kannst du dein Wissen festigen.
12 – 0 Punkte
Die Regeln zur Groß- und Kleinschreibung sind dir noch nicht ganz in Fleisch und Blut übergegangen. Wiederhole das Wichtigste noch einmal mit deinem Lernpartner/deiner Lernpartnerin.

Satzreihen und Satzgefüge

SEITE 69

1 a), b)

Der Meeresdschungel erstreckt sich zum Beispiel vor der Westküste Nord- und Südamerikas, aber man findet ihn auch vor Südafrika und Australien. | HS – HS |

Dieser Meeresurwald gilt als das artenreichste Ökosystem der Welt, denn hier leben hunderte Tierarten an einer 70 Meter langen Kelppflanze. | HS – HS |

Nicht auf der Erde gibt es die größte Vielfalt, sondern in den Meeren leben siebenmal mehr Tierarten als auf den Kontinenten. | HS – HS |

Man nimmt an, dass in den Ozeanen noch zehn bis dreißig Millionen Tierarten existieren. | HS – NS |

Obwohl bis heute 300 Millionen Quadratkilometer Meeresboden erforscht sind, ist man nach wie vor am Anfang einer gigantischen Forschung. | NS – HS |

Da die Seetangwälder so artenreich sind, gehören sie zu den Naturwundern der Erde. | NS – HS |

2

Er ist der beste Fußballspieler, denn er trainiert täglich.
Susanna ist krank, deshalb geht sie zum Arzt.
Obwohl es draußen stürmisch ist, gehen wir auf den Sportplatz.
Kai ist gut in Mathe, doch in Deutsch hat er Probleme.

dass – Sätze

SEITE 70

1 a)

Der Kaiserpinguin

Der Kaiserpinguin ist so gut trainiert, dass er 300 Kilometer über die Eiskante **laufen kann**. Der Pinguin ist auch gegen Kälte abgehärtet, dass er bei minus 50 Grad sein Ei **ausbrütet**. Beim Ausbrüten verliert er die Hälfte seines Körpergewichts. Danach wird er von seiner Partnerin abgelöst. Von Kaiserpinguinen ist bekannt, dass sie wie pfeilschnelle Torpedos bis zu 400 Meter **tauchen können, um Fische zu jagen**.

1 b)

– Wie gut ist der Kaiserpinguin trainiert?
  So gut, dass er 300 Kilometer über die Eiskante laufen kann.
– Inwiefern ist der Pinguin gegen Kälte abgehärtet?
  Dass er bei minus 50 Grad sein Ei ausbrütet.
– Was ist von Kaiserpinguinen bekannt?
  Dass sie wie pfeilschnelle Torpedos bis zu 400 Meter tauchen können, um Fische zu jagen.

2

Die Forscher wundern sich, dass Fischschwärme wie auf Kommando vor Feinden flüchten.
Die Forscher stellten fest, dass sich die Fische untereinander verständigen.
Man hat festgestellt, dass es eine Schwarmintelligenz gibt.
Man behauptet, dass Fische so ihre Fressfeinde bis zur Ermüdung verwirren.
Die Forscher fassen zusammen, dass Fischschwärme keinen Anführer oder Chef brauchen.

Relativsätze

SEITE 71

1 a), b)

Laternenfische können Licht erzeugen, das sie wie Dämmerlicht verändern können.   HS – NS
Quallen haben Tentakeln, mit denen sie Angreifer verwirren.   HS – NS

Die Tentakeln, die im Dunkeln leuchten, sind auch meistens hochgiftig.   HS – NS – HS

Es gibt eine Riesensepia, deren Gehirn zu den intelligentesten aller Weichtiere gehört.   HS – NS

Die Riesensepia, die auch die Königin des Maskenballs genannt wird, ist ein sehr intelligentes Wesen.   HS – NS – HS

Die Riesensepia, deren Haut hundert Pixelzellen besitzt, kann sich bei Gefahr blitzschnell verfärben.   HS – NS – HS

2

Die Riesensepia, welche sich nach Belieben verwandeln kann, wird auch Königin des Maskenballs genannt.

Die Verwandlung, welche sekundenschnell passiert, dient ihr zur Tarnung.

Die Riesensepia, die sehr intelligent ist, nutzt die Verwandlung auch, um sich mit anderen zu verständigen.

3

Forscher fanden heraus, **dass** es noch größere Tierarten gibt.

Sie vermuten, **dass** es noch Millionen neuer Tierarten zu entdecken gibt.

Das Meer, **das** auch als Rohstoffquelle dient, wird zukünftig noch besser erforscht werden.

Forscher bewundern, **dass** Laternenfische mit ihren Zellen Licht erzeugen können.

Infinitivsätze

SEITE 72

1

Um überleben zu können, mussten Säugetiere sehr anpassungsfähig sein.

Säugetiere der Urzeit hatten die Fähigkeit, im Wasser überleben zu können.

Pottwale sind dafür berühmt, über zwei Stunden untertauchen zu können.

2

Diese Leguanart geht ins Meer, um sich von Algen zu ernähren.

Die Meeresechse liegt meistens in der Sonne, anstatt aktiv zu sein.

Die Echsen müssen heftig niesen, um überschüssiges Salzwasser durch ihre Nasenlöcher zu versprühen.

3

Anstatt sich zurückzuziehen, bringt die giftige Seeschlange die Jungen im Ozean zur Welt.

Er greift die Wasserbüffel an, um sich zu ernähren.

Ohne sich groß anzustrengen, könnte die Schlange sich kaum ernähren.

Einschübe und Nachträge

SEITE 73

1

In der Natur kann man viele Tiere erst bei genauerem Hinsehen erkennen, insbesondere Insekten.

Auf einer Wiese haben viele Insekten den Farbton des Untergrunds, und zwar grün.

Manche Tiere können ihre Farbe sogar dem entsprechenden Untergrund anpassen, zum Beispiel die Stabheuschrecke.

Die rote Farbe hat eine spezielle Bedeutung [...], und zwar soll sie vor Feinden schützen.

Rot ist bei Marienkäfern deswegen der beste Schutz, das heißt nämlich, sie schmecken furchtbar.

2 a), b)

Den Fischen liefert dieses laute Trillern des Putzerfisches wichtige Informationen, nämlich über den Aufenthaltsort des Putzers.

Die Fische unterstützen den Putzer, und zwar durch Abspreizen der Flossen, Kiemendeckel und durch Öffnen ihres Maules.

Der Fisch-Kunde zeigt dem Putzerfisch, ob er mit dem Putzen zufrieden ist, und zwar durch Schütteln und Weiterwandern.

Eine Fischart, nämlich der Säbelzahnschleimling, nutzt die Beliebtheit des Putzers aus.

Der Säbelzahnschleimling ahmt den Putzer nach, und zwar durch dasselbe leuchtende Hellblau und denselben schwarzen Längsstreifen am Körper.

Diese Verkleidung und das Nachahmen des Putzertanzes haben nur einen Grund, nämlich das Anlocken von Beute.

Teste dich selbst!
Zeichensetzung

SEITE 74

1 a), b)

Tom meint, dass er später kommen wird.   HS – NS

Toms Eltern finden, dass Tom fleißig ist.   HS – NS

Wir wünschten uns das Auto, das neu auf dem Markt ist.   HS – NS

Als wir in Köln ankamen, regnete es.   NS – HS

Dass du es nicht schaffen konntest, war nicht vorhersehbar.   NS – HS

Katja und ihre Schwester glaubten, dass wir heute grillen würden.   HS – NS

Das Buch, welches ich gelesen hatte, war sehr spannend.   HS – NS – HS

Das Kätzchen, das zu uns kommt, hat seltsame Augen.   HS – NS – HS

2

Er kauft das Handy, das er im Laden gesehen hat.

Papa wundert sich, dass das Essen schon fertig ist.

Dass das Fest ein Erfolg ist, wage ich zu bezweifeln.

Anna freute sich, dass das Kätzchen sich eingewöhnt hatte.

3

Um besser trinken zu können, holte er sich einen Strohhalm.

Er vergaß alles, außer sich in der Sonne einzucremen.

Ohne zu essen, wollte er den Berg besteigen.

Ihr könntet mal eine Pause machen, statt die ganze Zeit zu arbeiten.

Um sich das Moped kaufen zu können, musste Jan noch viel sparen.

Anstatt zu Freunden zu gehen, verbrachte er den Nachmittag zu Hause.

Teste dein Wissen!
Lernstandstest

SEITE 76

1 –

2
Skateboard-Fahren: eine anerkannte Sportart

3
Die Skateparks in München wurden lange Zeit an den Bedürfnissen der Skater vorbei gebaut.

4
Die Skater sollen bessere Spots bekommen, mit denen sie etwas anfangen können. Die Skateparks in München wurden lange Zeit an den Bedürfnissen der Skater vorbei gebaut.

5
München braucht einen neuen Skatepark, denn
– Skateboard-Fahren ist Bestandteil der Jugendkultur;
– Skateboard-Fahren ist eine etablierte Sportart;
– in München wurde lange Zeit an den Bedürfnissen der Skater vorbei gebaut;
– Skaten ist ein Ausgleich zum Alltag;
– die Skateanlagen sind vollkommen veraltet.

6
Wer?	Wellenreiter in Kalifornien
Wo?	Kalifornien – Straße – leere Swimmingpools mit runden Becken – Skateparks – Halfpipe
Wann?	siebziger Jahre

SEITE 77

7
Ein neuer Skatepark verursacht zu hohe Kosten. Andere Investitionen haben Vorrang (z. B. die Allianz-Arena).

8
Ein neuer Skatepark ist in München notwendig, da der bestehende Skatepark veraltet ist. Skateboard-Fahren gehört zu den beliebtesten Sportarten.

9
1 Die Lärmbelästigung ist nur tagsüber zu erwarten.
2 Skaten ist ein Geschicklichkeitssport und erfordert viel Übung, lässt aber noch genügend Zeit für andere Sportarten.
3 Skater sind Sportler. Kriminelle treiben sich eher in anderen Milieus herum.
4 Gerade für 13-Jährige ist es ideal, mit Gleichgesinnten Sport zu treiben.

5 Beides lässt sich locker vom Etat realisieren!

10
Pro-Argument: Skaten ist eine „freie" Sportart.
Beleg 1: Es gibt viele verschiedene Tricks, die man unendlich kombinieren kann.
Beleg 2: Man hat keine festen Trainingszeiten.
Beleg 3: Man ist an keinen Ort gebunden.
Pro-Argument: Skaten ist nicht so statusbehaftet wie andere Sportarten.
Beleg: Man muss nicht bei Wettbewerben mitfahren.
Beispiel: Ich habe noch nie an Wettbewerben teilgenommen, denn sie sagen nichts über das Können aus.
Pro-Argument: Für den Winter gibt es in München keine Möglichkeit zu skaten.
Beleg: Die Euro-Skate-Halle ist geschlossen und die Halle in der Kulturfabrik ist klein und überlaufen.

SEITE 78

11 a)
Jahrelang wurden in München Skateparks aus Fertigteilen gebaut, mit denen Skater nichts anfangen können.
Die Skateparks in München wurden lange Zeit an den Bedürfnissen der Skater vorbei gebaut.
Man macht etwas, was andere nicht können.

11 b)
München braucht einen neuen Skatepark, da jahrelang Parks aus Fertigteilen gebaut wurden, mit denen Skater nichts anfangen können.
Ein neuer Skatepark ist nötig, weil lange Zeit an den Bedürfnissen der Skater vorbei gebaut wurde.
Man macht etwas, was andere nicht können, doch es geht nicht um Wettkampf.

SEITE 79

11 c)
München braucht einen neuen Skatepark, da die bestehenden Anlagen veraltet sind. Skaten ist eine ungebundene, statusfreie Sportart, die man jederzeit ausüben kann. Nach der Arbeit oder Schule ist Skaten eine sinnvolle Sportart, um sich fit zu halten. Man kann beim Skaten verschiedene Tricks machen und sie miteinander kombinieren. Man skatet, wenn man Lust hat, und ist an keine festen Trainingszeiten gebunden. Skaten ist keine vorübergehende Trendsportart, sondern es gibt sie seit über 40 Jahren.

c) Formuliere den Schlussteil der Argumentation als zusammenhängenden Text.   / 6

Gesamt:

/ 48

Textquellenverzeichnis

S. 4/5 Das gefleckte Band. Übersetzt von Ulrike Wasel und Klaus Timmermann. Aus: Arthur Conan Doyle: Die Abenteuer des Sherlock Holmes. Hrsg. von Klaus Degering. Verlag Philipp Reclam jun., Ditzingen 2007.

S. 6/7 Donald J. Sobol, Still More Two-Minute Mysteries, Apple Paperbacks, Scholastic Inc., 1975. Deutsch von Peter Blomert. Zitiert nach: http://www.kooperatives-lernen.de.

S. 8 Donald J. Sobol, Still More Two-Minute Mysteries, Apple Paperbacks, Scholastic Inc., 1975. Deutsch von Peter Blomert. Zitiert nach: http://www.kooperatives-lernen.de.

S. 23 Dorothea Szymanski: Berufsbild: Entwickler für Computerspiele, www.geo.de/GEOlino/mensch/berufe/61872.html?t=print.

S. 25 Dorothea Szymanski: Spieletest: Übung für die Stimmbänder. http://www.geo.de/GEOlino/spiele/spieletests/63879.html?t.

S. 28–30 Britta Dubber: Schlussfolgerungen, aus: Abenteuer im Frisiersalon – Kurzgeschichten aus dem Internet, Ronald Henss Verlag, Saarbrücken 2004.

S. 33/34 Reiner Kunze: Die wunderbaren Jahre. S. Fischer Verlag, Frankfurt a. M. 1976.

S. 35 Alfred Wolfenstein: Städter, in: Kurt Pinthus (Hrsg.): Menschheitsdämmerung. Rowohlt Verlag, Reinbek 1980.

S. 37 Hilde Domin, Bitte an einen Delphin aus: Rückkehr der Schiffe, S. Fischer Verlag, Frankfurt a. M. 1994, S. 53 (1. Aufl. 1962).

S. 38 Dietmar Jacobs: Print wirkt, Düsseldorfer Kommödchen bei der Verleihung des Henri-Nannen-Preises 2009 bei: you tube: print wirkt.

S. 41 Jobstarter: Das Förderprogramm http://www.jobstarter.de/de/104.php.

S. 42 „Eigentlich geht es um Liebe". Danny Boyle im Interview mit Alexander Soyez Quelle: epd Film. Das Kino-Magazin 3/09, S. 28.

S. 42 Barbara Schweizerhof: Slumdog Millionär. epd Film. Das Kino-Magazin3/09, S. 32.

S. 43 Informationen aus: berufenet.arbeitsagentur.de

Diätassistentin: http://www.berufenet.arbeitsagentur.de/berufe/resultList.do?searchString=%27+Di%C3%A4tassistenz*+%27&result ListItemsValues=8899_8895&suchweg=begriff&doNext=forwardToResultShort&duration=

Logistikassistentin: http://www.berufenet.arbeitsagentur.de/berufe/resultList.do?searchString=%27+Logistikassistentin*+%27&result ListItemsValues=7550_7540&suchweg=begriff&doNext=forwardToResultShort&duration=

Event-Manager: http://www.berufenet.arbeitsagentur.de/berufe/resultList.do?searchString=%27+Eventmanager*+%27&resultList ItemsValues=35201_35200&suchweg=begriff&doNext=forwardToResultShort&duration=

S. 46 www.technoseum.de/ausstellungen/nano/die Ausstellung/biotechnologie-und-medizin 2010 TECHNOMUSEUM, Mannheim.

S. 47 Mein erster Schultag, aus: Dein Spiegel Nr. 5/2010.

S. 50 Stiftung Jugend forscht: Deutschlands beste Nachwuchsforscher auf der CeBIT 2010.

S. 52 Philip Bethge: Die letzen ihrer Art, in: Dein Spiegel Nr. 5/2010, S. 38/39.

S. 53/54 Astrid Uhr (BR): Rückschau: Zucker war im letzten Jahr, dieses Jahr gibt's Stevia!, ausgestrahlt von DasErste – W wie Wissen, Sendung vom 10.1.2010 (verändert).

S. 55 Anne Kleinknecht: Süße Sucht: Zucker macht Ratten zu Junkies, BR-online, Bayerischer Rundfunk, 3.8.2010 (verändert).

S. 75 Ana Maria Michel: „Die Skatepark-City". Süddeutsche.de 28.4.2010.

S. 78 Lisa Sonnabend: „Freunde, Verletzte und Vermieser". Süddeutsche.de 15.10.2008.

Stand der Internetseiten Dezember 2010.

Bildquellenverzeichnis

Umschlagabbildungen: Thomas Schulz, Teupitz – S. 16: Piero Masztalerz/toonpool.com – S. 17: iStockphoto – S. 19: iStockphoto – S. 22: bpb.de – S. 27: Quelle: ,Gesprächskultur in Deutschland', Studie des Instituts für Demoskopie Allensbach im Auftrag von Bild der Frau und Jacobs Krönung / © IfD-Allensbach – S. 53: iStockphoto – S. 63: Fotolia – S. 66: Fotolia

Trotz entsprechender Bemühungen ist es nicht in allen Fällen gelungen, den Rechteinhaber ausfindig zu machen. Gegen Nachweis der Rechte zahlt der Verlag für die Abdruckerlaubnis die gesetzlich geschuldete Vergütung.

Redaktion: Katja Hohenstein

Bildrecherche: Helene Schopohl

Illustration: Dorothee Mahnkopf, Berlin

Umschlaggestaltung: Visuelle Gestaltung Katrin Pfeil, Mainz

Layout und technische Umsetzung: Buchgestaltung +, Berlin

www.cornelsen.de

Die Webseiten Dritter, deren Internetadressen in diesem Lehrwerk angegeben sind, wurden vor Drucklegung sorgfältig geprüft. Der Verlag übernimmt keine Gewähr für die Aktualität und den Inhalt dieser Seiten oder solcher, die mit ihnen verlinkt sind.

Dieses Werk berücksichtigt die Regeln der reformierten Rechtschreibung und Zeichensetzung. Bei den mit R gekennzeichneten Texten haben die Rechteinhaber einer Anpassung widersprochen.

1. Auflage, 9. Druck 2023

© 2011 Cornelsen Verlag, Berlin; Oldenbourg Schulbuchverlag GmbH, München
© 2016 Cornelsen Verlag GmbH, Berlin

Druck: Athesiadruck GmbH

ISBN 978-3-06-061816-3

PEFC-zertifiziert
Dieses Produkt stammt aus nachhaltig bewirtschafteten Wäldern
PEFC/18-31-166   www.pefc.de